Heidi Grund-Thorpe

SOCKEN & CO.

Schick und schnell gestrickt

Inhalt

Vorwort . . . 3
Kleines Strick-ABC . . . 4
Socken stricken . . . 10

Babyschühchen . . . 16
Babyballerinas . . . 19
Stricklieselsocken . . . 20
Zug- und Fliedersocken . . . 23
Rüschen- und Herzsocken . . . 24
Rautensocken . . . 27
Melone und Himbeereis . . . 28
Paarweise Trachtensocken . . . 31
Kinderstrümpfe mit Schnur . . . 32
Doppelrollig und zehenfrei . . . 35
Flip-Flop-Socken mit Zehen . . . 36
Overknees und Bolero . . . 39
Rollsocken in Rot-Orange . . . 40
Stulpensocken . . . 43
Grau meliert fürs Büro . . . 44
Socken mit Naht . . . 47
Sportsocken . . . 48
Blümchen und Ringel . . . 51
Warmes mit Hand und Fuß . . . 52
Kuschelkissen und -socken . . . 55
Blautöne klassisch . . . 56
Wellenmuster . . . 59
Nikolausstiefel . . . 60

Größentabellen . . . 62
Über dieses Buch, Stichwortverzeichnis . . . 64

Vorwort

Kein Wunder, dass Socken stricken eine äußerst beliebte Freizeitbeschäftigung ist, denn im Handumdrehen kreieren Sie mit geringstem Material- und Zeitaufwand ein Paar Socken, das Sie nirgendwo kaufen können. Auch Strickanfänger schaffen garantiert an einem Wochenende ein paar kuschelige Flauschsocken oder ein farbenfrohes Paar für gemütliche Stunden zu Hause. Noch schneller geht es natürlich bei Kindersocken oder bei den allerkleinsten Babyschühchen. Ein wunderbares Geschenk für frisch gebackene Eltern sind Babyballerinas für Neugeborene und Krabbelkinder, ein guter Schmuck und Schutz für kleine Füße.

Originelle Muster und Streifen fließen heute wie von selbst vom Wollknäuel. Wie das geht? Mit Mustern, die im Computer generiert sind und von Herstellern in die Wolle eingearbeitet werden. Sie brauchen also nur noch mit einem Faden zu stricken und erhalten kompliziert wirkende Jacquardmuster ganz ohne aufwändige Farbwechsel – und ohne sich die Finger dabei zu verknoten und die Lust zu verlieren.

Dabei können Sie wählen zwischen luftigen Baumwollgarnen für den Sommer und Sport, Wollgarnen mit und ohne Stretchanteil für den Winter. Egal aus welcher Qualität, die Sockengarne sind in unzähligen Farb- und Musterkombinationen erhältlich. Gemischt mit Flauschgarnen, erhalten Sie witzige und individuelle Socken, die Sie garantiert nicht im Laden kaufen können.

Mit den Größentabellen am Ende des Buches können Sie jedes Modell des Buches auf

andere Fußgrößen übertragen. Dazu zeigen die ausführlich illustrierten Schritt-für-Schritt-Anleitungen am Anfang des Buches Strickanfängern vom Maschenanschlag bis zum Abketten alles, was sie fürs Sockenstricken wissen müssen. Und selbst für einen Profi lohnt sich der Blick in die Einführungsseiten, denn hier werden praktische Tricks und Kniffe, die Sie vielleicht noch nicht kennen, anschaulich erklärt. Neben dem traditionellen Fersenkäppchen mit Zwickel etwa wird auch die wiederentdeckte, passgenaue Schräge Ferse mit verkürzten Reihen ausführlich erläutert. Und für die, die sich anfangs vor der Ferse scheuen, gibt es längsgestrickte Socken mit Naht oder Slipper, die garantiert unkompliziert sind.

Für Anfänger wie für Profis gilt: Probieren Sie es aus, es lohnt sich in jedem Fall, denn Socken stricken ist kinderleicht und macht riesigen Spaß!

Kleines Strick-ABC

Auch diejenigen unter Ihnen, die schon stricken können, erfahren auf den folgenden Seiten Nützliches zum Thema Sockenstricken. Durchlesen lohnt sich!

SO GEHT'S LOS

Jedes Strickstück, auch Socken, beginnen mit dem Maschenanschlag. Für Socken benötigen Sie jedoch statt zwei Nadeln ein Nadelspiel mit fünf gleichen Nadeln sowie für die Ferse eine Zusatznadel in gleicher Größe. Drei gebräuchliche Anschlagstechniken, den Kreuzanschlag, den Italienischen Anschlag und das Aufstricken, finden Sie nachfolgend.

KREUZANSCHLAG

❶ **Am Anfang steht** immer die Schlinge. Lassen Sie den Fadenanfang etwa dreimal so lang hängen, wie das spätere Strickstück breit sein wird. Den Faden zwischen Zeige- und Mittelfinger packen. Arbeitsfaden, also den Faden, der zum Wollknäuel führt, und Fadenanfang um Zeigefinger und Daumen wickeln, herunter zur Handfläche führen und festhalten. Nun mit der Nadel unter die Daumenschlinge stechen und die Zeigefingerschlinge von oben durchziehen. Faden von den Fingern gleiten lassen (1). Die beiden herabhängenden Fäden unter der Nadel festziehen. Damit liegt jetzt die erste Masche auf der Nadel (2).

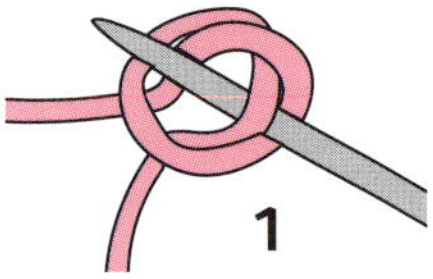

1

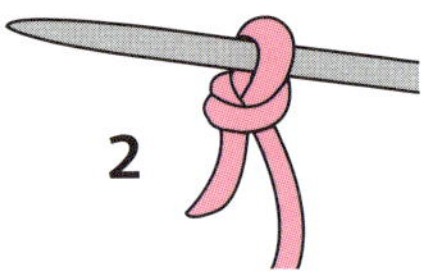

2

❷ **Nun spreizen Sie** Daumen und Zeigefinger der linken Hand und legen die Nadel mit der ersten Masche dazwischen (Linkshänder nehmen hier und im Folgenden die jeweils andere Hand). Den Arbeitsfaden von vorn nach hinten um den Zeigefinger legen. Den anderen Faden legen Sie von hinten nach vorn um den Daumen. Beide Fäden werden in der Handfläche mit dem Mittelfinger, Ringfinger und kleinen Finger festgehalten (3). Ziehen Sie die Fäden straff an.

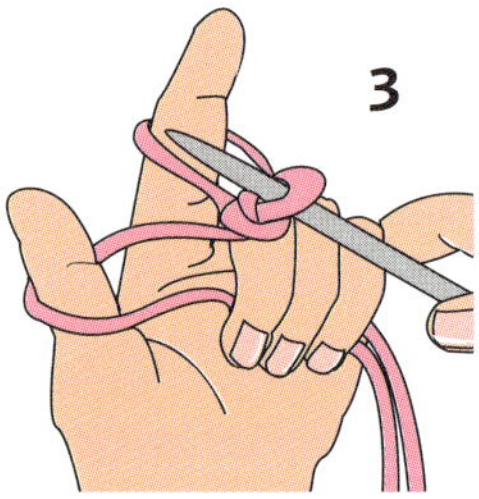

3

❸ **Stechen Sie** wie bei der Schlinge mit der Spitze der Nadel unter dem Daumenfaden durch (4) und holen Sie mit der Nadel von oben den vorn liegenden Zeigefingerfaden (5). Ziehen Sie diesen Faden in Richtung des Daumens als Schlinge nach vorne und oben (6). Den Daumen nun aus der Fadenschlinge herausziehen und die zweite Masche durch Ziehen der beiden Fäden unterhalb der Nadel fixieren.

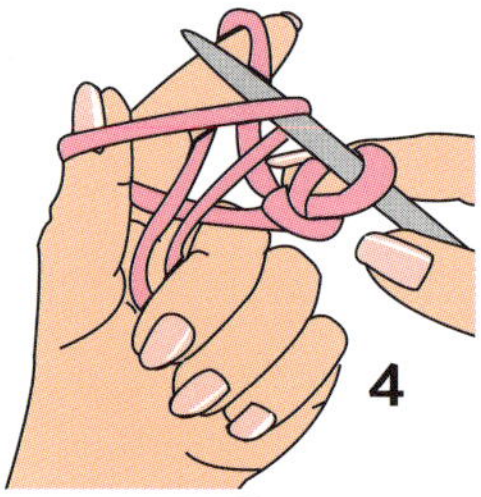

4

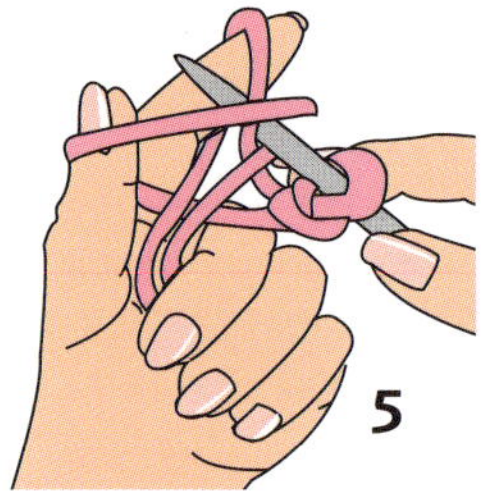

5

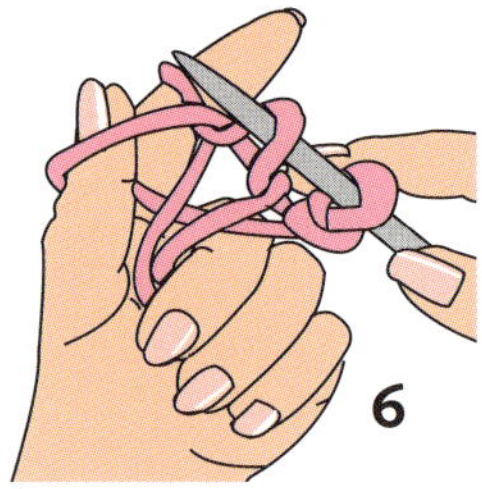

6

❹ **Legen Sie die** Nadel erneut zwi-

7

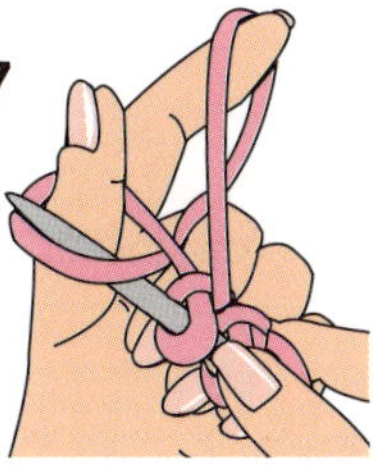

schen Daumen und Zeigefinger. Die beiden Fäden sind wie vorher um die beiden Finger gespannt. Dabei überkreuzt der Faden, der von der Nadel hinter den Daumen führt, den Daumenfaden, der zum Fadenanfang führt (7). Mit der Nadelspitze erneut unter den Daumenfaden stechen und den Zeigefingerfaden durch diese Schlinge ziehen.

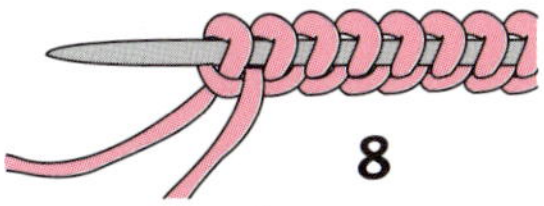

8

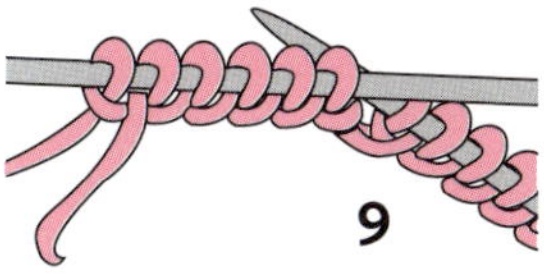

9

5 Schlagen Sie auf diese Weise ein Viertel der gesamten Maschenzahl auf die erste Nadel des Maschenspiels an (8). Direkt im Anschluss daran die nächsten Maschen auf der zweiten Nadel anschlagen (den Faden vorher nicht abschneiden!). Beim Nadelwechsel sollten die Fäden zwischen den Maschen möglichst kurz bleiben (9).

6 Sind alle Maschenanschläge auf den vier Nadeln des Nadelspiels gleichmäßig verteilt, legen Sie die Nadeln zur Runde. Dabei achten Sie darauf, dass die rechte Seite des Maschenanschlags später auf der Außenseite der Socke liegt. Nun die erste Runde gemäß dem Strickmuster arbeiten, dabei die Runde sofort schließen. Nehmen Sie

dafür die fünfte Nadel und stricken Sie die Maschen der ersten Nadel ab. Mit dieser stricken Sie die Maschen der nächsten Nadel ab und fahren so mit allen vier Nadeln fort.

ITALIENISCHER ANSCHLAG/ 1 RECHTS, 1 LINKS

Der italienische Anschlag wirkt wie mit der Maschine gestrickt und ist extrem elastisch. Für ein besonders schönes Ergebnis ist es wichtig, dass die ersten vier Runden mit einer Nadelstärke gestrickt werden, die eine halbe Nummer dünner ist als die Nadel, die für die Sockenwolle erforderlich ist.

1 Legen Sie den Faden über die Nadel. Dabei sollte der hinten liegende Fadenanfang etwa dreimal so lang sein wie das spätere Strickstück breit ist. Der Arbeitsfaden, der zum Wollknäuel führt, liegt vorn (1).

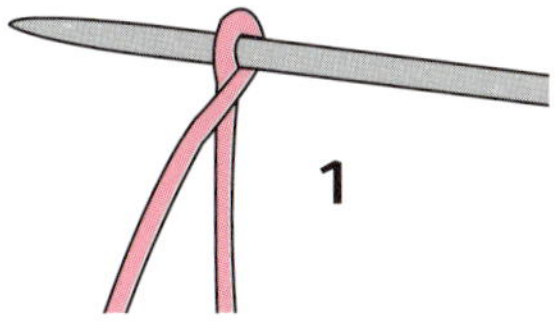

1

2 Nun legen Sie die Fadenschlinge mit der Nadel zwischen Daumen und Zeigefinger der linken Hand (Linkshänder nehmen hier und im Folgenden die jeweils andere Hand). Dabei den hinten liegenden Fadenanfang als Daumenfaden um den Daumen nach vorn legen und mit dem Mittelfinger festhalten. Den vorn liegenden Arbeitsfaden führen Sie zwischen Daumen und Zeigefinger um den Zeigefinger herum und zwischen Zeigefinger und Mittelfinger nach vorn zur Handfläche (2). Fixieren Sie mit

2

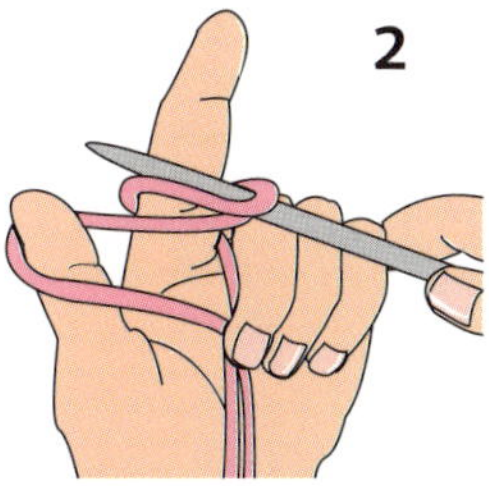

Daumen und Zeigefinger der rechten Hand die Fadenschlinge auf der Stricknadel.

❸ **Führen Sie** die Nadelspitze von vorn unter dem hinten liegenden Daumenfaden hindurch. Anschließend die Nadel in der Mitte zwischen Daumen und Zeigefinger hochführen (3).

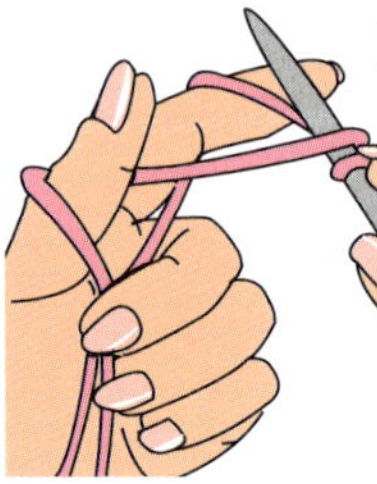
3

❹ **Nun greifen Sie** mit der Nadelspitze über den Zeigefingerfaden hinweg und ziehen den Zeigefingerfaden als Schlinge unter dem Daumenfaden hindurch nach vorn (4). Wenn Sie die Nadelspitze einmal nach oben zeigen lassen, ist die erste Masche neben der Schlinge nun deutlich als rechte Masche zu erkennen.

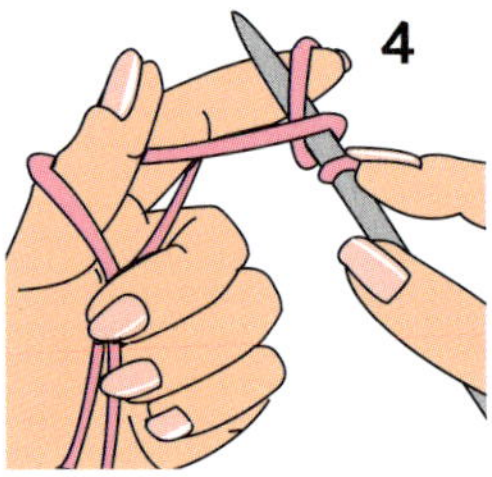
4

❺ **Für die linke Masche** fassen Sie mit der Nadelspitze über den Zeigefingerfaden und weiter unter diesen hindurch und ziehen ihn zwischen Zeigefinger und Daumen nach oben (5). Die Nadelspitze anschließend über den Daumenfaden führen und diesen weiter unter dem Zeigefingerfaden hindurch als Schlinge nach hinten ziehen (6). Nun liegt eine linke Masche neben der rechten auf der Nadel. Wiederholen Sie fortlaufend Bilder 3 bis 6, bis Sie alle Maschen auf nur einer Nadel Ihres Nadelspiels angeschlagen haben (7).

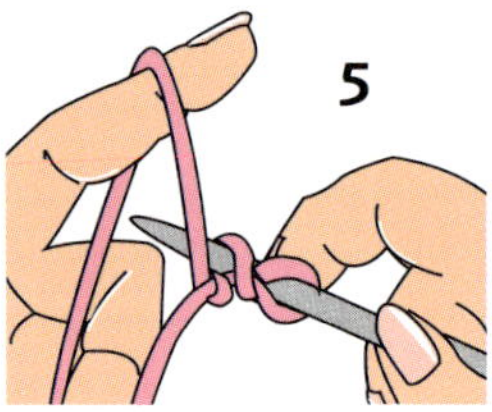
5

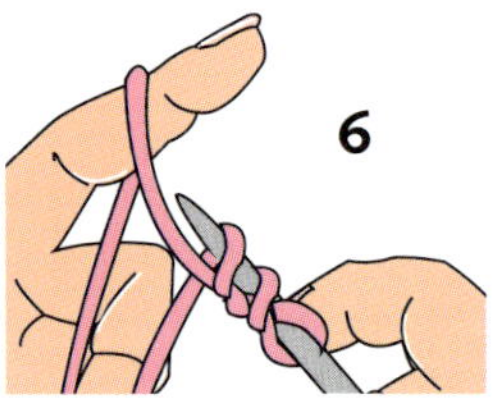
6

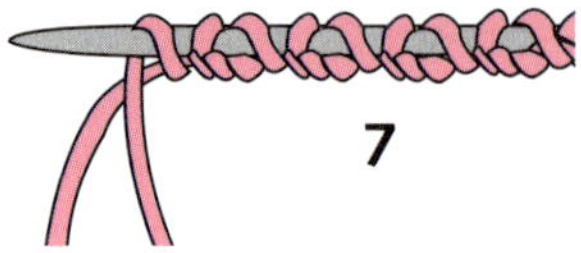
7

❻ **Erst in der ersten** Runde nach dem Anschlag verteilen Sie die Maschen auf vier Nadeln. Dabei die rechten Maschen rechts verschränkt abstricken: Mit der rechten Nadelspitze von vorn nach hinten unter der linken Nadel in den hinten liegenden Teil des Maschengliedes einstechen und den Faden als Masche auf die rechte Nadel rechts abstricken (8) (→ Seite 8).

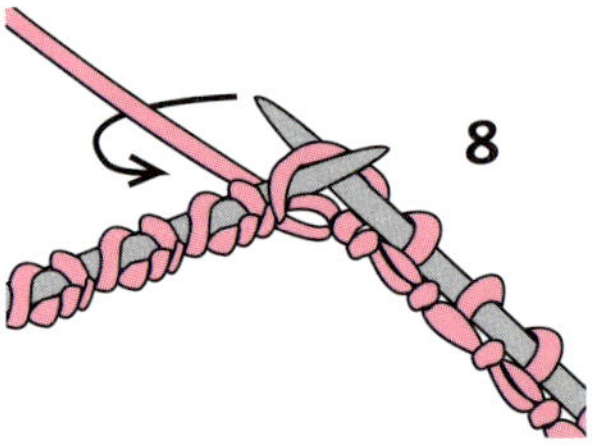
8

❼ **Die linken Maschen** des Anschlags werden in der ersten Runde nur links abgehoben. Dafür den Arbeitsfaden vorne vor die Masche legen. Dann von vorne in die Masche einstechen und die Masche auf die rechte Nadel heben (9).

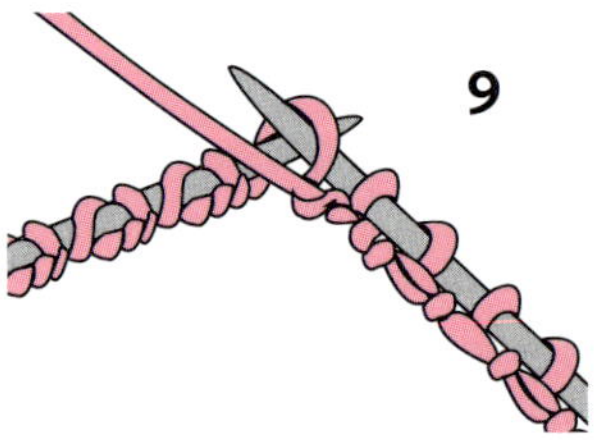
9

❽ **In den nachfolgenden** drei Runden die Maschen im Rhythmus eine Masche rechts, eine Masche links stricken.

❾ **Möchten Sie ein** Bündchen im Muster zwei Maschen rechts, zwei Maschen links mit Italienischem Anschlag anfertigen, schlagen Sie die Maschen wie vorher beschrieben im Rhythmus eine Masche rechts, eine Masche links an. Erst nach der vierten (!) Runde wird in den Rhythmus zwei rechts, zwei links gewechselt. Damit Sie einen schönen Übergang erhalten, gehen Sie dafür vor wie folgt:

⑩ **Stricken Sie die** erste rechte Masche rechts, die nächste linke Masche übergehen und in die nächste rechte Masche von vorne einstechen (10). Den Faden wie beim Rechtsstricken durchholen und auf die rechte Nadel ziehen, die abgestrickte rechte Masche aber auf der linken Nadel liegen lassen (11).

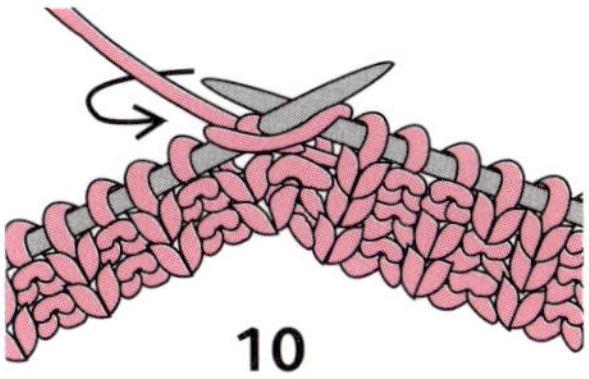

10

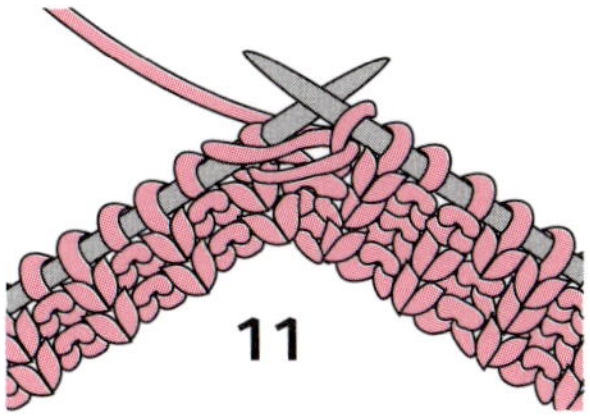

11

⑪ **Jetzt die** linke Masche vor der eben abgestrickten Rechtsmasche links abstricken (12) (→ Seite 8). Dabei springt die zuvor rechts gestrickte Masche mit auf die rechte Nadel und tauscht den Platz.

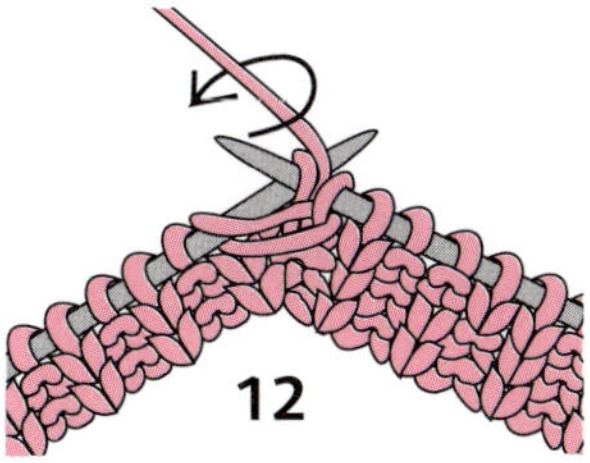

12

⑫ **Stricken Sie die** nächste Masche links (13). Schritte 10 bis 11 immer wiederholen. Am Ende der Runde erhält man einen durchgehenden Maschenrhythmus von zwei rechten und zwei linken Maschen.

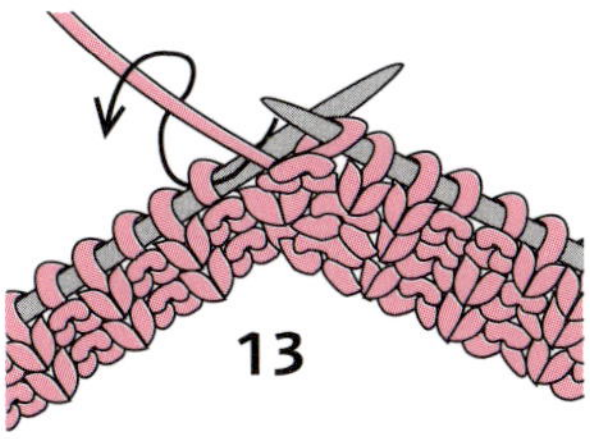

13

ANSCHLAG DURCH AUFSTRICKEN

❶ **Beginnen Sie mit** einer Schlaufe wie beim Kreuzanschlag (→ Seite 4). Sie dient als Ihre erste Masche. Nehmen Sie dann die Nadel in die linke Hand (Linkshänder nehmen hier und im Folgenden die jeweils andere Hand). Den kurzen Fadenanfang unterhalb des Knotens halten Sie mit Daumen und Mittelfinger der linken Hand fest. Legen Sie das längere Fadenende um den linken Zeigefinger und halten Sie es mit dem Mittelfinger, Ringfinger und kleinen Finger der linken Hand fest. Mit der zweiten Nadel in die erste Masche einstechen (1).

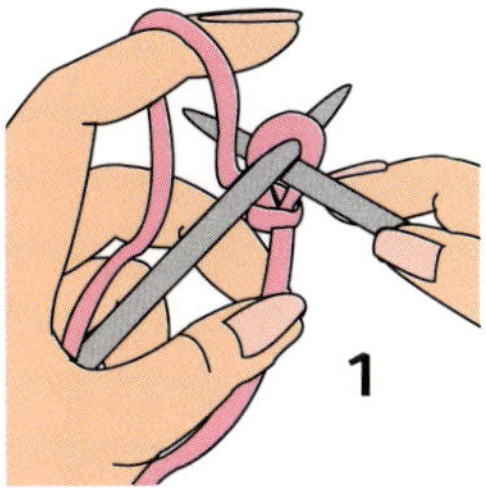

1

❷ **Den Faden vom** Zeigefinger mit der rechten Nadel durch die erste Masche ziehen und eine etwas größere Schlinge als die Masche bilden (2). Diese Schlinge auf die linke Nadel heben. Für die nächste Masche in eben diese zweite Masche bzw. Schlinge einstechen und ebenso vorgehen.

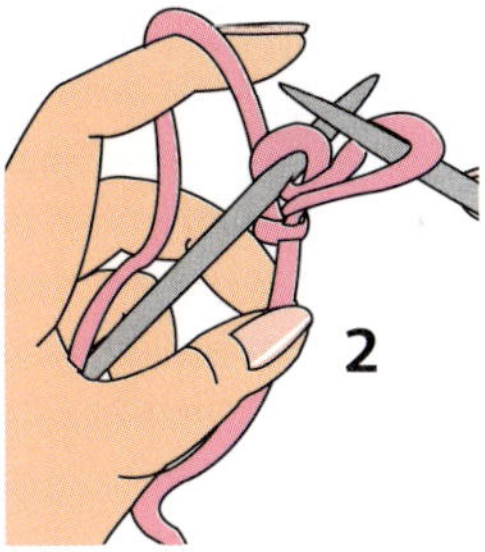

2

❸ **Bei jedem neuen** Einstechen gleichzeitig den Maschenknoten unterhalb der Nadel anziehen und mit Daumen und Mittelfinger festhalten (3).

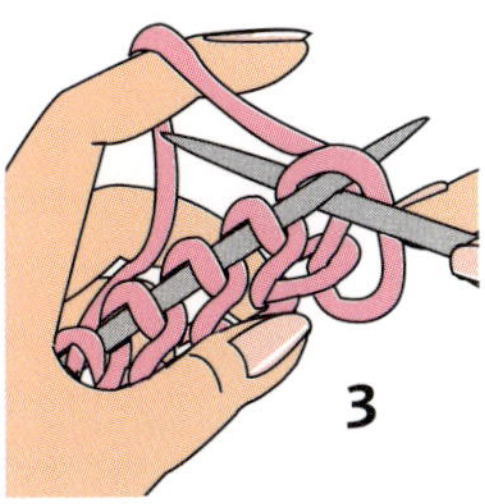

3

RECHTE MASCHEN

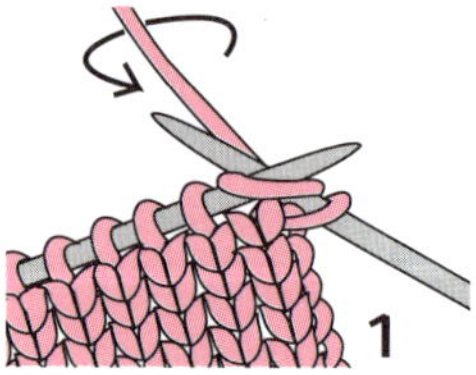
1

1 **Als Rechtshänder stechen** Sie mit der rechten Nadelspitze von links nach rechts in das Maschenglied auf der linken Nadel – Linkshänder nehmen hier und im Folgenden die jeweils andere Hand. Führen Sie die Nadelspitze nach hinten um den Arbeitsfaden herum (1).

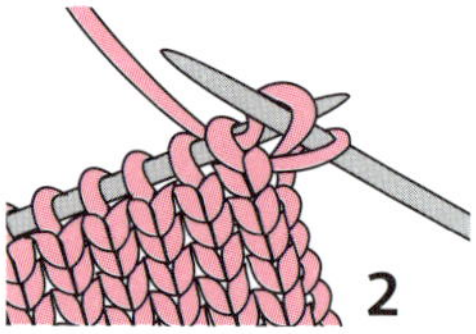
2

2 **Jetzt den** Arbeitsfaden durch das Maschenglied nach vorne ziehen (2), dabei lassen Sie die Masche von der linken Nadel gleiten. Die abgestrickte Masche liegt nun auf der rechten Nadel. Die nächsten Maschen genauso stricken.

LINKE MASCHEN

1 **Legen Sie den** Arbeitsfaden vor das Maschenglied der linken Nadel. Stechen Sie mit der rechten Nadelspitze von rechts nach links in das Maschenglied der linken Nadel und führen Sie die Nadelspitze von vorne nach hinten um den Arbeitsfaden (1).

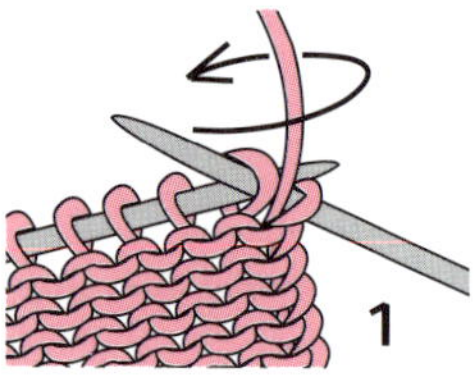
1

2 **Ziehen Sie** jetzt den Arbeitsfaden mit der rechten Nadelspitze durch das Maschenglied. Dabei lassen Sie die Masche von der linken Nadel gleiten, die abgestrickte Masche liegt nun auf der rechten Nadel (2).

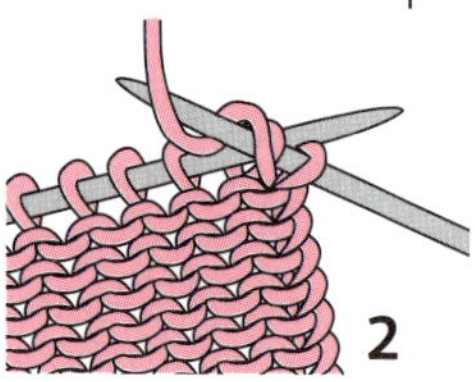
2

GLATT RECHTS STRICKEN

Dafür stricken Sie in jeder Hinreihe rechte, in jeder Rückreihe linke Maschen. In Runden stricken Sie nur rechte Maschen.

UMSCHLAG

Vor Abstricken der Masche auf der linken Nadel legen Sie den Faden einmal um die rechte Nadel (1). In der Rückreihe bzw. nächsten Runde ist die Masche dadurch verdoppelt.

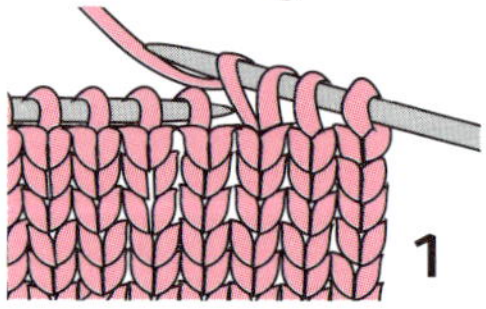
1

ABHEBEN

Zum links Abheben den Arbeitsfaden vor die linke Nadel legen und die Masche mit der rechten Nadel von rechts nach links auf die rechte Nadel schieben (nicht abstricken! → Seite 6, Bild 9). Zum rechts Abheben legen Sie den Faden hinter die linke Nadel und schieben die Masche mit der rechten Nadel von links nach rechts auf die rechte Nadel. In beiden Fällen verdoppelt sich die Masche nicht.

ABNAHMEN MIT ABSTAND

Für die Sockenspitze werden die Abnahmen mit einer Masche Abstand zur seitlichen Kante ausgeführt. Dafür am Nadelbeginn eine Masche rechts stricken, die nächste Masche rechts abheben, eine Masche rechts stricken und die abgehobene Masche über die gestrickte Masche ziehen (1). Am Nadelende stricken Sie die dritt- und zweitletzte Masche rechts zusammen und die letzte Masche der Nadel rechts.

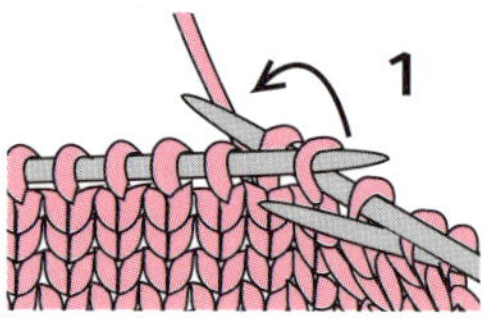
1

ZUNAHMEN

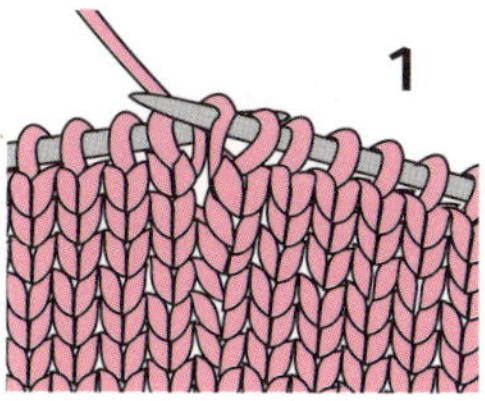

❶ **Stechen Sie** mit der rechten Nadelspitze von hinten nach vorne in den Querfaden der Vorreihe ein und schieben Sie ihn auf die linke Nadel (1).

❷ **Mit der rechten** Nadel rechts verschränkt abstricken, also in den hinteren Teil des Querfadens von rechts nach links einstechen, den Faden holen, durchziehen und die Masche von der linken Nadel gleiten lassen (→ Seite 6, Bild 8). Wenn Sie den Querfaden einfach als rechte Masche abstricken, erhalten Sie ein Loch.

ABKETTEN DURCH ÜBERZIEHEN

❶ **Beim Abketten** stricken Sie zu Beginn zwei Maschen rechts. Nun stechen Sie mit der linken Nadel von vorne in die erste Masche von links nach rechts ein und ziehen die erste Masche über die zweite. Die übergezogene Masche von der Nadel gleiten lassen.

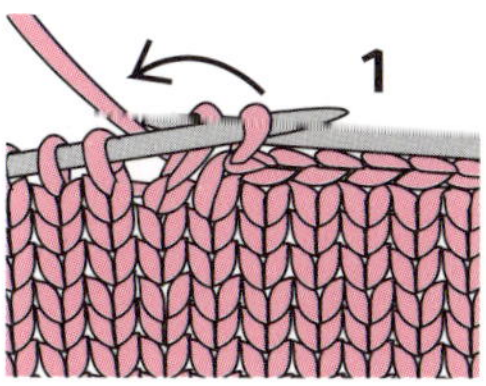

❷ **Stricken Sie erneut** eine Masche rechts. Nun die zweite Masche über die zuletzt gestrickte Masche heben. Immer so weiterarbeiten (1).

ABKETTEN DURCH ZUSAMMENNÄHEN

❶ **Schneiden Sie dafür** den Arbeitsfaden etwa 20 cm länger als die Breite der Strickarbeit ab und fädeln Sie ihn in eine Stopfnadel. Stechen Sie damit durch jede Masche (1). Dann die Stricknadeln herausziehen.

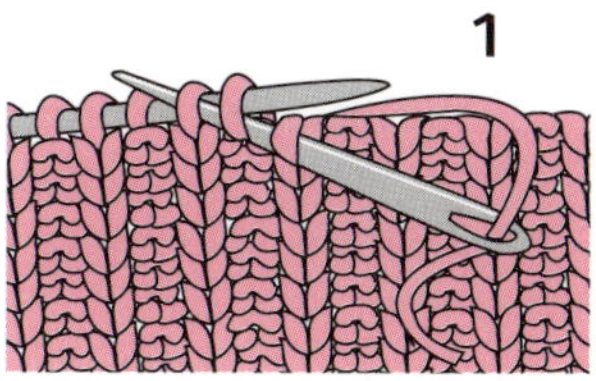

❷ **Beim Sockenstricken** den Faden anziehen. Den Socken auf die linke Seite wenden und den Faden vernähen. Dabei schließen Sie gleichzeitig das Loch an der Spitze.

FARBWECHSEL

❶ **Stricken Sie zuerst** die Maschen einer Farbe in rechts oder links. Ziehen Sie den Strickfaden auf die linke Seite, und legen Sie anschließend den Faden der neuen Farbe (hier blau) auf der Rückseite über den der alten Farbe (hier pink) (1). Nun die erste Masche in der neuen Farbe stricken, den Faden der alten Farbe dabei anziehen.

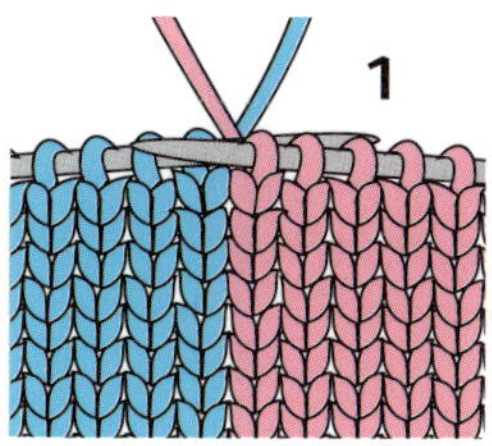

❷ **Bei Einstrickmustern** empfiehlt sich die Anschaffung eines sogenannten Fadenführers. Dieses Hilfsmittel erleichtert gerade in Runden den aufwändigen Wechsel der Farbfäden, denn damit läuft der gerade nicht gebrauchte Faden mit. Es handelt sich dabei um einen Ring mit zwei Ösen, den Sie auf den Zeigefinger stecken. Fädeln Sie in jede Öse eine Farbe ein und stecken Sie den Fadenführerring auf den Zeigefinger. Nun holen Sie die entsprechende Farbe zum Abstricken im Wechsel vom Zeigefinger.

Socken stricken

Socken zu stricken erfordert ein paar spezielle Kenntnisse und Kniffe. Aber einmal gewusst wie, ist es ganz einfach und selbst für Ungeübte kein Problem.

GRUNDAUSSTATTUNG

- Sockenwolle
- 1 Nadelspiel in der zur Wolle passenden Nadelstärke plus Zusatznadel
- Stumpfe Stopfnadel
- Eventuell Zopfnadel
- Schere, Lineal

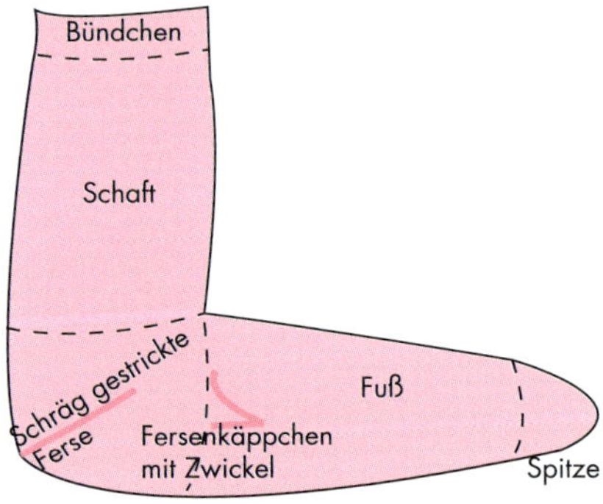

SOCKENWOLLE

Das A und O beim Sockenstricken ist die Verwendung der richtigen Wolle. Speziell im Handel erhältliche Sockenwolle ist extrem strapazierfähig, da sie immer ungefähr 20 Prozent Kunstfaser enthält. Der Kunstfaser wird entweder Seide oder Baumwolle beigemischt, die dann wunderbar glatt und weich auf der Haut liegen, oder sie wird mit Schurwolle kombiniert, die gerade im Winter für warme Füße sorgt. Mischungen aus Baumwolle mit Kunstfaser sind im Sommer das ideale Sockenmaterial, aber auch ganzjährig für Sportsocken perfekt geeignet.

Die in den Anleitungen angegebene Wollmenge ist immer für ein Sockenpaar ausreichend. Die Wollsorten sind spezielle Sockenwollen und generell im Fachhandel erhältlich. Dennoch sind die Angaben nur als Vorschläge zu betrachten. Sie können natürlich auch andere Sockenwolle verwenden. Achten Sie dann aber darauf, dass die verwendete Garndicke der angegebenen Nadelstärke entspricht.

Da es die Sockenwolle in einer Vielzahl an Farben gibt, in Uni und auch als Moulinés, in Tweedoptik sowie mit geflammten und computergesteuerten Musterungen, die automatisch eine Art Einstrickmuster ergeben, ist für jeden Geschmack etwas dabei.

TIPP Greifen Sie wegen der Qualität unbedingt auf spezielle Sockenwolle zurück. Es wäre doch schade, wenn Ihre selbst gemachten Einzelstücke in Kürze Löcher bekämen, weil die Wolle dafür nicht geeignet ist.

MASCHENPROBE

Bevor Sie anfangen, sollten Sie unbedingt eine Maschenprobe stricken, um zu verhindern, dass die Socken viel zu klein oder zu groß ausfallen. Bei der Anfertigung befolgen Sie die Angaben auf der Banderole des Garns. Anhand Ihrer eigenen Maschenprobe können Sie dann feststellen, ob diese Angaben auch Ihrem Maschenbild entsprechen.

Gegebenenfalls die Maschenzahl Ihres Strickstücks anpassen, besser aber einfach die Nadelstärke verändern: Fällt Ihre Maschenprobe zu groß aus, nehmen Sie dünnere Nadeln, fällt sie zu klein aus, nehmen Sie dickere Nadeln.

TIPP Zum Kennzeichnen des Rundenwechsels bei der laufenden Strickarbeit führen Sie am besten fortlaufend Runde für Runde einen ungefähr 20 cm langen Markierungsfaden mit. Den Markierungsfaden immer quer einlegen, d. h., Sie legen ihn zwischen zwei Maschen, die Fadenenden hängen an beiden Seiten des Strickstücks herunter.

ANSCHLAG

Schlagen Sie die benötigte Maschenanzahl auf das Nadelspiel auf. Die Art des Anschlags wählen Sie nach Ihrer Vorliebe (→ Seite 4). Dabei verteilen Sie die Maschen gleichmäßig auf vier Nadeln des Nadelspiels, also z. B. bei 44 Maschen auf jede Nadel 11 Maschen. Ist die Maschenzahl nicht durch 4, wohl aber durch 2 teilbar, kommen auf die zweite und vierte Nadel jeweils 1 Masche mehr. Also bei beispielsweise 46 Maschen schlagen Sie je 11 Maschen auf die erste und dritte Nadel und auf die zweite und vierte jeweils 12 Maschen. Eine nicht durch 2 teilbare Maschenzahl möglichst meiden.

Die Anzahl der Maschen, die Sie für Ihre Größe benötigen, entnehmen Sie den Tabellen auf Seite 62/63. Beachten Sie dabei die verschiedenen Garnstärken. Der Rundenwechsel, gekennzeichnet durch den herabhängenden Anfangsfaden, liegt in der rückwärtigen Mitte zwischen der vierten und ersten Nadel.

BÜNDCHEN

Stricken Sie, falls nach der Anleitung erforderlich, das Bündchen im entsprechenden Maschenrhythmus und der angegebenen Länge.

SCHAFT

Nun stricken Sie den Schaft in der angegebenen Länge mit dem entsprechenden Muster bzw. Maschenrhythmus. Falls Sie ein Rippenmuster stricken, wird der Schaft extrem gut am Bein anliegen.

SCHRÄGE FERSE

Gestrickt wird die Ferse über die Maschen der ersten und vierten Nadel glatt rechts. Die Maschen dieser zwei Nadeln verteilen Sie gleichmäßig auf drei Nadeln. Dafür benötigen Sie eine Zusatznadel.
1. Reihe: Alle Maschen rechts stricken bis zur letzten Masche der ursprünglich ersten, jetzt dritten Nadel.
2. Reihe: Arbeiten Sie zu Beginn der Rück-Reihe eine doppelte Masche. Dafür legen Sie den Faden vor die Arbeit und stechen von rechts in die erste Masche ein. Nun heben Sie die Masche und den Faden zusammen ab

TIPP Die schräge Ferse war lange in Vergessenheit geraten und erlebt gerade ihr Comeback. Zu Recht, denn diese Art der Ferse hat eine extrem gute Passform und keinen lästigen Zwickel. Sind Sie Anfänger, dann sollten Sie sich gleich an die schräge Ferse gewöhnen. Profis, die normalerweise die Ferse mit Zwickel stricken, sollten unbedingt einmal die schräge Ferse ausprobieren.

und ziehen dabei den Faden extrem fest nach hinten. Dadurch wird die Masche über die Nadel gezogen und liegt dadurch doppelt. Es ist ganz wichtig, dass Sie den Faden sehr fest anziehen, denn sonst entsteht später ein Loch an dieser Stelle. Nun alle Maschen der drei Fersennadeln links stricken.

3. Reihe: Stricken Sie die erste Masche als doppelte Masche und die weiteren Maschen bis zur doppelten Masche auf der dritten Nadel rechts. Die doppelte Masche bleibt auf der Nadel, und Sie wenden das Strickstück.

4. Reihe: Stricken Sie eine doppelte Masche, dann weiter linke Maschen bis zur doppelten Masche. Diese auf der Nadel lassen, die Arbeit wenden.

Wiederholen Sie die dritte und vierte Reihe so oft, bis alle Maschen auf der ersten und dritten Fersennadel sowie die erste und letzte Masche der mittleren Fersennadel doppelt gearbeitet sind.

Jetzt arbeiten Sie zwei Runden über alle Maschen der Socke, inklusive Spann. Dabei behalten Sie die Ferseneinteilung bei. Falls Sie mit der ursprünglichen zweiten und dritten Nadel ein Muster arbeiten, dieses entsprechend der Musterzeichnung fortsetzen. Achten Sie darauf, dass Sie in der ersten Runde beim Abstricken der doppelten Maschen beide Maschenteile gleichzeitig erfassen und diese als eine Masche rechts abstricken.

Nach den zwei Runden werden erneut verkürzte Reihen mit doppelten Maschen gearbeitet, dieses Mal aber von innen nach außen:

1. Reihe: Die Maschen der mittleren Nadel der drei Fersennadeln rechts stricken. Die Arbeit wenden.

2. Reihe: Stricken Sie eine doppelte Masche und dann links bis einschließlich der letzten Masche des mittleren Fersendrittels, und wenden Sie die Arbeit.

3. Reihe: Eine doppelte Masche arbeiten und weiter rechts bis zur doppelten Masche am Nadelende stricken. Diese stricken Sie rechts zusammen. Danach die erste Masche der nächsten Nadel rechts stricken und die Arbeit wenden.

4. Reihe: Stricken Sie eine doppelte Masche und dann links bis zur doppelten Masche am Ende der Nadel. Diese links zusammenstricken und die folgende Masche der nächsten Nadel ebenfalls links stricken. Die Arbeit wenden.

Wiederholen Sie die dritte und vierte Reihe so oft, bis alle Maschen der beiden äußeren Fersennadeln doppelt gestrickt sind. Nach der letzten Rückreihe linker Maschen die Arbeit wenden, die erste Masche doppelt arbeiten und dann weiter in Runden rechts stricken. Auch hier in der ersten Runde alle doppelt gestrickten Maschen rechts zusammenstricken. Die Maschen der zweiten und dritten Spann-Nadel im Mustersatz fortsetzen.

FERSENKÄPPCHEN MIT ZWICKEL

Auch hier wird die Ferse über die Maschen der ersten und vierten Nadel gestrickt. Stricken Sie damit so viele Reihen glatt rechts, wie sich Fersenmaschen auf den Nadeln befinden, also bei 22 Maschen 22 Reihen hoch. Nun verteilen Sie die Fersenmaschen gleichmäßig auf drei Nadeln, Sie benötigen also auch hier eine Zusatznadel.

1. Reihe: Die Maschen der ersten und zweiten Fersennadel immer im Wechsel eine Masche rechts stricken, eine Masche mit Umschlag links abheben. Dann aber * die letzte Masche der zweiten Nadel rechts abheben, die erste Masche der dritten Nadel rechts stricken und die abgehobene Masche darüberziehen. Anschließend die Arbeit wenden.

2. Reihe: Eine Masche links abheben, die Maschen der zweiten Nadel links stricken, dabei stricken Sie die abgehobenen Maschen mit dem Umschlag immer links zusammen. Die letzte Masche auf der zweiten Nadel stricken Sie mit der folgenden Masche auf der ersten Nadel links zusammen. Dann die Arbeit wenden.

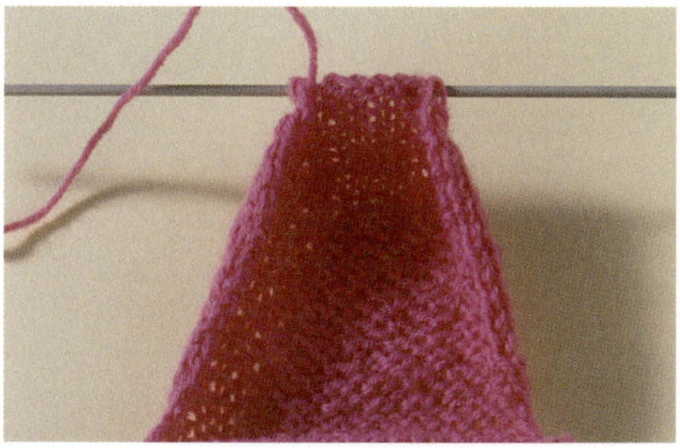

3. Reihe: Eine Masche links abheben, die folgenden Maschen der zweiten Nadel rechts stricken *.

Die Arbeitsschritte zwischen den * * so oft wiederholen, bis alle Maschen der ersten und dritten Fersennadel aufgebraucht sind.

Stricken Sie die Maschen der Fersenkappe in der Hinreihe rechts. Dann mit einer weiteren Nadel die Randmaschen der Fersenkappe aufnehmen. Dafür in jede zweite Randmasche durch beide Maschenglieder stechen und eine Fadenschlinge als Masche auf die Nadel holen. Bei einer Höhe von 22 Reihen müssen Sie also 11 Maschen aufnehmen.

Stricken Sie die Maschen der ursprünglich zweiten und dritten Nadel im entsprechenden Muster. Dann erneut am zweiten Fersenkappenrand mit einer neuen Nadel jede zweite Randmasche aufnehmen. Bis zur Mitte der Fersennadel weiterstricken (= Rundenbeginn). Die nun kommenden Maschen der Fersennadel zusammen mit den aufgenommenen Randmaschen auf einer Nadel abstricken. Die nächsten Maschen des Spanns gleichmäßig auf zwei Nadeln verteilen. Auf der ersten und vierten Nadel befinden sich jetzt mehr Maschen als auf den beiden übrigen, sie werden später im Zwickel abgenommen.

Stricken Sie in Runden weiter. In der kommenden, also der insgesamt dritten Runde stricken Sie die zweit- und drittletzte Masche der ersten Nadel rechts zusammen; am Anfang der vierten Nadel stricken Sie eine Masche rechts, heben die zweite Masche rechts ab, stricken die dritte Masche rechts und ziehen die zweite über die dritte Masche.

TIPP Haben Sie schmale Füße oder bevorzugen Sie die Socken eng am Fuß anliegend, dann nehmen Sie nach der Schrägen Ferse bzw. dem Zwickel zweimal in jeder zweiten Runde (bis Größe 34 und bei dicker 6- und 8-fädiger Wolle nur einmal) noch insgesamt 8 (4) Maschen ab. Dafür am Ende der ersten und dritten Nadel die dritt- und vorletzte Masche rechts zusammenstricken, am Beginn der zweiten und vierten Nadel 1 Masche rechts stricken und die nächsten beiden Maschen durch Überziehen zusammenstricken (→ Seite 8, Abnahmen).

Das Abnehmen für den Zwickel in jeder dritten Runde wiederholen; sollten Sie mit sehr dicker 6- oder 8-fädiger Wolle stricken, nehmen Sie für den Zwickel in jeder zweiten Runde ab. Nehmen Sie so lange ab, bis sich auf jeder Nadel die ursprüngliche Maschenzahl des Anschlags befindet.

FUSS

Stricken Sie nun den Fuß gerade über Runden weiter bis zum Beginn der Spitze. Dabei stricken Sie entsprechend der Anleitung das Muster mit den Maschen der ursprünglich zweiten und dritten Nadel weiter. Für die Länge des Fußes richten Sie sich, wenn nicht anders angegeben, nach den Angaben der Tabelle auf Seite 62/63.

SPITZE

Für die Spitze stricken Sie die Maschen der ersten und dritten Nadel jeweils bis drei Maschen vor Nadelende. Dann die nächsten beiden Maschen rechts zusammenstricken und die letzte Masche rechts stricken. Bei der zweiten und vierten Nadel jeweils die erste Masche rechts stricken, die nächsten beiden Maschen rechts überzogen zusammenstricken (→ Seite 8, Abnahmen mit Abstand). Die Abnahmen entsprechend den Tabellen

TIPP Wer kurze Nadeln hat, kann die Spitze, statt Sie herhömmlich abzuketten, zunächst mit den Nadeln mitsamt der Socke auch vorsichtig auf die linke Seite wenden. Legen Sie die Maschen der ersten und vierten Nadel auf die der zweiten und dritten, und stricken Sie die erste Masche der vierten Nadel mit der letzten Masche der dritten Nadel rechts als eine Masche ab. Diese ketten Sie dann durch Überziehen mit der nächsten doppelt gestrickten Masche ab. Insgesamt viermal durchführen, dann den Faden abschneiden und vernähen.

von Seite 62/63 so oft wiederholen, bis noch insgesamt auf allen Nadeln acht Maschen übrig sind. Diese wie auf Seite 9 beschrieben abketten und vernähen.

ABKÜRZUNGEN

M	=	Masche
re M	=	rechte Masche
li M	=	linke Masche
R	=	Reihe
Rd	=	Runde
Hin-R	=	Hinreihe
Rück-R	=	Rückreihe
U	=	Umschlag
zus.str.	=	zusammenstricken
* *	=	Strickanleitung zwischen den beiden Zeichen immer wiederholen
Rapport	=	Muster oder Farbfolge wird in der Breite und Höhe immer wiederholt

MASCHENSTICH

Bei kleineren Mustern ist es vielfach einfacher, unterschiedliche Farben aufzusticken, als einen Farbwechsel im Strickmuster vorzunehmen. Dies trifft vor allem dann zu, wenn das Muster nur wenige Male vorkommt. Zum Aufsticken eignet sich der Maschenstich hervorragend. Aufgestickt wird das Muster von rechts nach links und von unten nach oben.

Dafür stechen Sie am unteren Ende einer Masche von hinten nach vorne mit einer

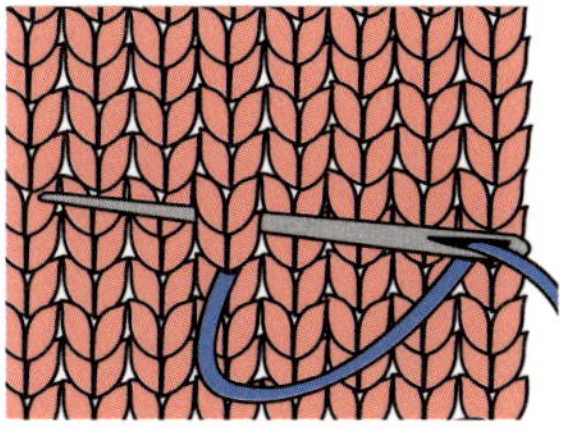

Stopfnadel aus. Dann stechen Sie rechts oben neben dem Ende des Maschenglieds ein und führen die Nadelspitze waagerecht auf der Rückseite nach links. Stechen Sie neben dem linken Maschenglied wieder aus.

Ziehen Sie den Faden an und stechen Sie unten an der Ausstichsstelle wieder ein.

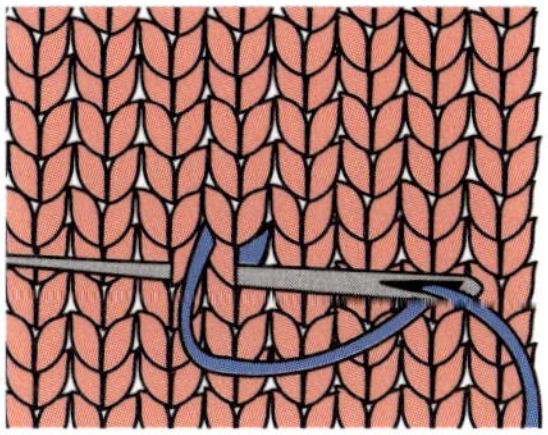

Gleichzeitig stechen Sie – je nach Muster – bei einem angrenzenden Maschenglied am unteren Ende wieder aus.

TIPP Mit dem Maschenstich lassen sich gestrickte Kanten miteinander verbinden. Stechen Sie an der rechten Kante aus, rechts oben wieder ein und so weiter.

Babyschühchen

Egal ob Mädchen oder Junge, diese niedlichen Schühchen sind in jedem Fall das ideale Geschenk zur Taufe. Darin kann sich der Nachwuchs sehen lassen.

MATERIAL

Flauschschuhe Gr. 14/15

- 50 g Elastico Nr. 418 Graugrün meliert von Lana Grossa
- 50 g Pep Nr. 078 Mintgrün von Lana Grossa
- Nadelspiel Nr. 4
- Stumpfe Stopfnadel

Ringelstiefel Gr. 12/13

- 50 g Elastico Nr. 64 Apfelgrün von Lana Grossa
- 50 g Elastico Nr. 10 Lichtblau von Lana Grossa
- Nadelspiel Nr. 4

SO WIRD'S GEMACHT

Flauschschuhe

❶ Schlagen Sie mit Elastico 6 M an und nehmen Sie in jeder 2. R beidseitig 3 mal je 1 M zu. Stricken Sie 7 cm kraus re, danach beidseitig 3 mal in jeder 2. Reihe je 1 M abnehmen. Nehmen Sie nun mit der zweiten Nadel aus der Längskante 20 M , aus der Querkante 12 und aus der Längskante erneut 20 M auf. 1 Rd re M mit Elastico, dann mit Pep 2 Rd glatt re. Weiter 2 Rd glatt li mit Elastico und 3 Rd glatt re mit Pep. In der nächsten Runde ketten Sie nach der ersten Nadel 13 M ab, stricken noch 7 M glatt re, ebenso die M der Quernadel, dann 7 M glatt re der dritten Nadel, die übrigen 13 M abketten. Die Fußoberseite in Reihen stricken, 2 R glatt links Elastico, 4 R glatt re Pep, 2 R glatt li Elastico, 4 R glatt re Pep.

❷ Den Schaft in Runden weiterarbeiten: 2 Rd glatt li Elastico, 2 Rd glatt re Pep, 1 Rd Lochmuster: *1 Umschlag, 2 M re zusammenstricken, 1 M re*. Die Angaben zwischen den * bis zum Ende der Runde wiederholen, weiter 1 Rd glatt re, 2 Rd Elastico glatt li, 4 Rd Pep glatt re, 2 Rd Elasico glatt li, 4 Rd Pep glatt re. Alle Maschen abketten, Fäden vernähen und die seitlichen Schlitze schließen. Drehen Sie aus vier 50 cm langen Fäden eine Kordel und ziehen Sie diese in die Lochkante ein.

Ringelstiefel

❶ Schlagen Sie mit der grünen Wolle 4 M an und nehmen Sie beidseitig in jeder 2. Reihe 3 mal je 1 M zu, dann 5,5 cm kraus re stricken, danach beidseitig in jeder 2. Reihe je 1 M abnehmen. Nehmen sie mit der 2. Nadel fortlaufend aus der Rundung und Längskante 16 M, aus der Querkante 4 M und Längskante 16 M auf. 5 Rd glatt re 1 Rd blau, 1 Rd grün im Wechsel stricken.

❷ In der 6. Rd die ersten 3 M der 2. Nadel auf 1. Nadel stricken, 5 M abketten, 8 M stricken, 3. Nadel die M der Querkante stricken, von der 4. Nadel 8 M stricken, 5 M abketten und 3 M auf 1. Nadel stricken. 5 Rd glatt re stricken, dann 14 Rd Blau 2 re, 2 li im Bündchenmuster. M abketten, Schlitze schließen.

Babyballerinas

Ballerinas liegen voll im Trend. Auch für die Allerkleinsten sind diese süßen Schuhe – gestrickt aus bunter Wolle – ein echter Hingucker.

MATERIAL

Spangenschuh Gr. 16/17

- 50 g Meilenweit Cotton Nr. 13 Schwarz von Lana Grossa
- Rest pinkfarbene Wolle
- Nadelspiel Nr. 2,5
- Häkelnadel Nr. 2,5

Slipper Gr. 12/13

- 50 g Meilenweit Cotton Nr. 54 Rosa von Lana Grossa
- Nadelspiel Nr. 2,5

SO WIRD'S GEMACHT

Spangenschuh

Schlagen Sie 32 M an und stricken Sie 8 cm gerade hoch. Nun arbeiten Sie mit dem Nadelspiel weiter und schlagen gleichzeitig am Rand durch Aufstricken einmal 8 M an. Die Maschen so auf den Nadeln verteilen, dass 4 der neu angeschlagenen M sich am Ende der 3. Nadel, die übrigen 4 M sich am Anfang der 4. Nadel befinden. 4 Rd glatt re weiterstricken, dann die Spitze nach der Anleitung auf Seite 63 arbeiten.
Legen Sie die Kanten des Anschlags rechts auf rechts zusammen und nähen Sie diese bis zur Hälfte aufeinander. Die Bruchkante auf die Naht drücken, sodass sich die offenen Kanten quer aufeinanderlegen (wie ein auf dem Kopf stehendes "T"). Nähen Sie nun beidseitig der Mittelnaht die Quernähte zusammen, Schuh wenden. Für das Knöchelband schlagen Sie 30 M auf eine Nadel an, nehmen Sie anschließend 4 M vor und 4 M nach der Fersenmitte aus der hinteren Schuhmitte auf, dann erneut 30 M aufstricken. 4 R über alle M kraus re stricken, dann alle M locker abketten. Umhäkeln Sie mit der pinkfarbenen Wolle den Schuh- und Bindebandrand mit 1 R feste M.

Babyslipper

Schlagen Sie 30 M an und stricken Sie 6,5 cm kraus re. Nun die M gleichmäßig auf ein Nadelspiel verteilen und glatt re weiterstricken. Nach 4 Rd auf der Schuhoberseite mittig das Einstrickmuster einarbeiten, gleichzeitig nach der 9. Rd mit der Spitze beginnen.

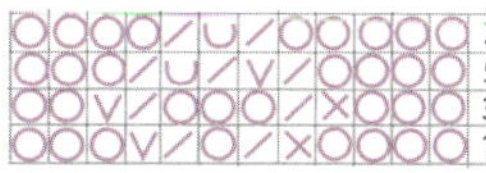

○ 1 M re
/ 1 Umschl
V 1 M re abheben, 2 M re zusstr, 1. M r darüberheben
X 2 M re zusstr
U 1 M re abheben, 1 M re, 1. M über die 2. heben

Die Ferse nach der nebenstehenden Anleitung zusammennähen, dabei vor dem Aufeinanderlegen des Anschlags die Längskante 1 cm breit auf die rechte Seite klappen und beim Nähen der Ferse fixieren.

Diese Schühchen lassen sich aus Resten besonders schnell stricken. Niedlich wirken Mütze und Schuhe im Set; perfekt gestylt ist der Winzling mit Pulli und Schuhen aus der gleichen Wolle.

Strickleiselsocken

Der Frühling kann kommen. Süße Blümchen-Applikationen sorgen bei diesen Socken für den richtigen Pfiff. Nicht nur für Blumenkinder.

MATERIAL

Blümchensocken

- 50 g Meilenweit Cotton Grün Nr. 59 Rest rote und gelbe Wolle in Nadelstärke 2,5
- 1 Spiel Stricknadeln Nr. 2,5 plus Zusatznadel
- Strickliesel
- Stumpfe Stopfnadel

SO WIRD'S GEMACHT

Die Socken stricken Sie aus der grünen Wolle mit Mäusezähnchenrand wie auf Seite 23 beschrieben, die Anzahl des Maschenanschlages für die gewünschte Größe entnehmen Sie der Tabelle auf Seite 62. Der Schaft ist mit dem Rand insgesamt 6 cm lang.

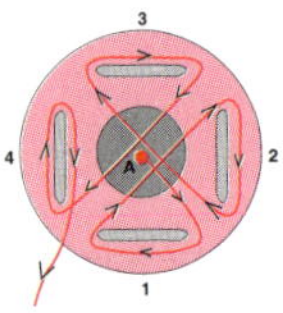

Für die Blümchen fertigen Sie eine Strickleiselschnur mit der roten Wolle an. Sie benötigen insgesamt 2,2 m. Für die Anfertigung der Strickschnur den Anfang des Fadens von oben in die Strickliesel schieben, unterhalb der Strickliesel an einem Zahnstocher verknoten. Nun den Faden oben um die Haken der Strickliesel legen, wie es auf der Zeichnung zu sehen ist. Vom Punkt A in der Mitte geht es los: Den Wollfaden nach rechts zum unteren Haken 1, von dessen unterem Ende zum oberen Ende von Haken 2, um den Haken 2 herum und zur linken Seite von Haken 3, um diesen auf der Außenseite zum unteren Ende des Hakens 4, um den Haken 4 herum. Ziehen ihn dann zum äußeren Rand der Strickliesel.

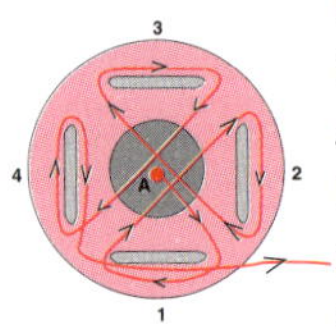

Zum Stricken den langen Faden vor den Haken 1 über den ersten Faden legen, dann mit dem Stäbchen oder der Stricknadel von unten nach oben in den unteren Wollfaden einstechen und den Faden nach oben über den Haken schieben, zur Rückseite schieben; dabei muss der unten liegende Wollfaden außen auf dem Haken liegen bleiben. Den Faden wie beim Stricken um den Zeigefinger wickeln, gleichzeitig mit Daumen und Mittelfinger die Strickliesel halten. Durch eine kleine Drehung der Strickliesel legt sich der Faden außen um den nächsten Haken. Nun eine Masche nach der anderen wie unter Schritt 4 beschrieben arbeiten. Ist die Schnur lang genug, die Schlingen auf den Haken vorsichtig über die Haken heben und unten herausziehen.

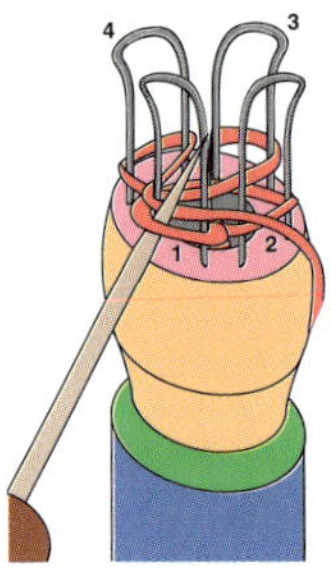

Die Schnur in 22 cm in lange Abschnitte schneiden, die Endfäden vorsichtig anziehen, in eine Stopfnadel fädeln und die Nadelspitze durch die vier Schlingen des Strickschlauchs ziehen. Die Strickschnur in ein Zickzack mit fünf gleich langen Zacken legen, in den unteren Knicken die Nadel durch die Spitze stechen, so formt sich die Blüte.

Zug- und Fliedersocken

Sie sind auf der Suche nach einem individuellen Geschenk. Wie wäre es mit selbst gestrickten Socken, die es so garantiert nirgends zu kaufen gibt?

MATERIAL

Rosa Socken mit Zugmuster Gr. 32/33

- 100 g Elastico Print, Nr. 416 Rosa von Lana Grossa
- Nadelspiel Nr. 3,5

Fliederfarbene Socken Gr. 34/35

- 50 g Meilenweit, Nr. 1318 Flieder von Lana Grossa
- 50 g Meilenweit, Nr. 1283 Gelb von Lana Grossa
- 50 g Meilenweit, Nr. 1312 Rosé von Lana Grossa
- Nadelspiel Nr. 2,5 plus Zusatznadel

SO WIRD'S GEMACHT

Rosa Socken mit Zugmuster

1. Schlagen Sie 36 Maschen an und verteilen Sie sie auf vier Nadeln. Stricken Sie 4 Rd glatt rechts, dann 1 Rd im Wechsel: *1 Umschlag, 2 M rechts zusammenstricken*. Nach weiteren 4 Rd glatt rechts beginnt das Muster: 1. Rd: *5 M re, 1 M li, 5 M re mit Faden vor der Nadel abheben, 1 M li*. Die Angaben zwischen den * in der Runde insgesamt dreimal wiederholen. 2., 4. und 6. Rd: alle M stricken, wie sie erscheinen. 3., 5., und 7. Rd. wie die erste Rd stricken. 8. Rd: * 2 M re, 1 M re, dabei die 4 darunter liegenden Querfäden mitfassen, 2 M re, 1 M li, 5 M re, 1 M li*. 9., 11., 13. und 15. Rd: * 5 M re mit Faden vor der Nadel abheben, 1 M li, 5 M re, 1 M li*. Die 10., 12. und 14. Rd: M stricken, wie sie erscheinen. 16. Rd: * 2 M re, 1 M re, dabei die 4 darunter liegenden Querfäden mitfassen, 2 M re, 1 M li, 5 M re, 1 M li*.

2. Den Schaft mit insgesamt 5 versetzten Zugmustern arbeiten, dann die Ferse beginnen. Dabei auf der Fußoberseite das Zugmuster im Rhythmus fortsetzen, ebenso am Fuß bis zur Spitze. Für die Sohle nur re M stricken. Zum Schluss die obere Kante zur linken Seite entlang der Lochmusterreihe kippen und locker festnähen.

Fliederfarbene Socken

1. Schlagen Sie 56 M auf vier Nadeln verteilt mit der fliederfarbenen Wolle an und stricken Sie 15 Rd glatt re für den Rollrand.

2. Nun stricken Sie das Muster in Rosé und Flieder glatt re: *1 Rd Rosé, 1 Rd Flieder, 1 Rd Rosé, 1 Rd Flieder.
In der nächsten Rd Rosé stricken Sie 1 M re, für die nächste M re stechen Sie eine Rd tiefer ein, dabei löst sich die M der Vor-Rd auf. Rundum im Wechsel fortsetzen, danach erneut eine Reihe Flieder und Rosé stricken*.

3. Nach 3 Reihen Flieder das Muster in Gelb-Flieder stricken, bis zur Ferse die Musterrapporte insgesamt viermal wiederholen. Die Ferse in Flieder stricken, dann den Musterrapport am Fuß fortsetzen, die Spitze erneut in Flieder arbeiten.

Rüschen- und Herzsocken

Romantische und verspielte Muster lassen diese Socken zu einem echten Highlight an Ihren Füßen werden. Für große und kleine Prinzessinen!

MATERIAL

Rüschensocken Gr. 32/33

- 100 g Merino 2000 Print, Nr. 736 Rosa-Grün von Lana Grossa
- 50 g Merino 2000 nr. 492, Pink von Lana Grossa
- Nadelspiel Nr. 3 plus Zusatznadel

Herzsocken Gr. 34/35

- 100 g Meilenweit Cotton Nr. 55, Erika von Lana Grossa
- Nadelspiel Nr. 2,5 plus Zusatznadel

SO WIRD'S GEMACHT

Rüschensocken

❶ Schlagen Sie 40 M mit Nadelspiel Nr. 3 an und verteilen Sie die Maschen gleichmäßig. Nach 2 Rd li M das Muster fortlaufend nach der Strickschrift arbeiten.

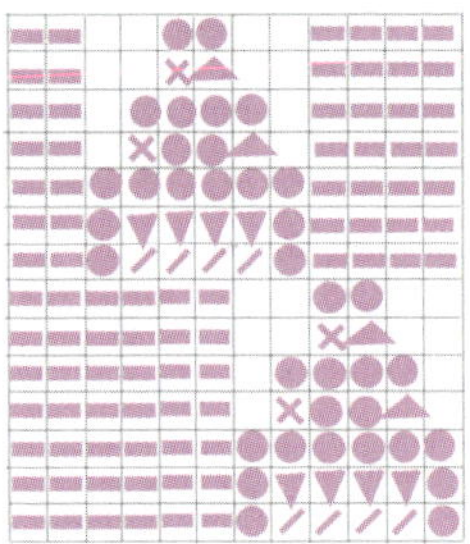

- 1 M li
- 1 M re
- 1 M re verschränkt
- 2 M re zus.stricken
- 2 M verschränkt zus.stricken

❷ Nach 8 cm die Ferse glatt re stricken, auf der Fußoberseite das Muster fortführen, die zwei Nadeln der Sohle bis zur Spitze glatt re stricken. Auch die Spitze mit re M arbeiten.

❸ Für die Rüsche nehmen Sie auf der Innenseite der Sockenkante erneut 40 M auf. 1. Rd: re M, 2. Rd: jede 2. M verdoppeln (Seite 9, Zunahmen). 3. Rd: re M, 4.Rd: jede 3. M verdoppeln. 3 Rd re stricken, in der nächsten Rd jede M verdoppeln. Nach weiteren 4 Rd re alle M locker abketten, die Fäden vernähen.

Herzsocken

❶ Schlagen sie 56 Maschen an und verteilen Sie sie gleichmäßig auf vier Nadeln. Stricken Sie 2 cm im Bündchenmuster 2 M re, 2 M li. Verteilen Sie nun die Maschen auf den vier Nadeln so, dass sich eine Nadel mit 19 M in der vorderen und hinteren Sockenmitte befindet, die übrigen 18 Maschen verteilen Sie auf die beiden seitlichen Nadeln.

❷ Stricken Sie nun glatt links mit dem Einstrickmuster in der vorderen und hinteren Nadel den Schaft 10 cm lang. Arbeiten Sie die Ferse glatt links, ebenso den Fuß. Auf der Oberseite setzen Sie das Herzmuster fort, die Sohle wird glatt links gestrickt.

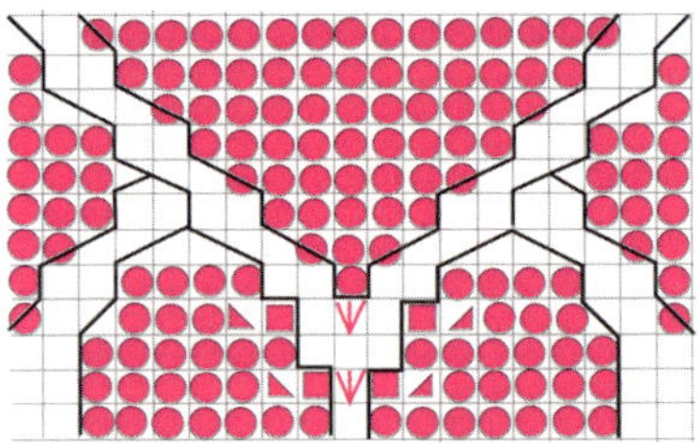

- 1 M li
- 1 M re
- 2 M zus.stricken
- 2 M li verschr. zus.stricken
- 2 M zun., 1 M re, 1 M re verschränkt und 1 M re aus 1 M herausstricken
- keine M

Rautensocken

Hier kommen die absoluten Anfänger und Fersengegner auf Ihre Kosten, denn die Form der Socke ergibt sich einfach durch das Zusammennähen.

MATERIAL

Rautensocken Gr. 35/36

- Je 50 g Meilenweit Cotton in Graumeliert Nr. 9, Blaumeliert Nr. 5 und Schwarzmeliert Nr. 10 von Lana Grossa
- Rest Rosa
- Stricknadel Nr. 2,5
- Stumpfe Stopfnadel

SO WIRD'S GEMACHT

Rautensocken

❶ Für die angegebene Größe haben die Quadrate 7,5 cm Seitenlänge, für jede weitere Schuhgröße rechnen Sie einfach 0,5 cm Seitenlänge dazu bzw. ab.
Maschenprobe: 26 M und 36 R ergeben 10 cm im Quadrat.

❷ Beginnen Sie mit dem Stricken des langen Rechtecks und schlagen Sie in Graumeliert 20 M an. Stricken Sie glatt re 24 R bzw. 7,5 cm, dann folgen 2 Quadrate Schwarzmeliert, 1 Quadrat Blaumeliert, 1 Quadrat Graumeliert, 1 Quadrat Schwarzmeliert. Nehmen Sie nun aus der Kante des schwarzmelierten Rechtecks 20 M mit Blaumeliert und 20 M mit Graumeliert auf und stricken Sie 24 R. Beachten Sie dazu die Hinweise zum Farbwechsel (S. 11). Alle M nach 7,5 cm locker abketten.

❸ Sticken Sie im Maschenstich mit der rosafarbenen Wolle die eingezeichneten Linien auf.

❹ Nun nähen Sie die Socke zusammen: Falten Sie die Bruchkanten rechts auf rechts 1 und 2 nach hinten, und nähen Sie die Nähte 5 und 6 zusammen. Nun falten Sie entlang der Bruchkante 3 und legen die Nähte 1 rechts auf rechts aneinander und verbinden auch diese, im weiteren Verlauf die Nähte 2. Nun verbinden Sie noch die Nähte 3 mit 3 und anschließend die Nähte 4 mit 4. Wenden Sie die Socke auf die rechte Seite und formen Sie sie aus.

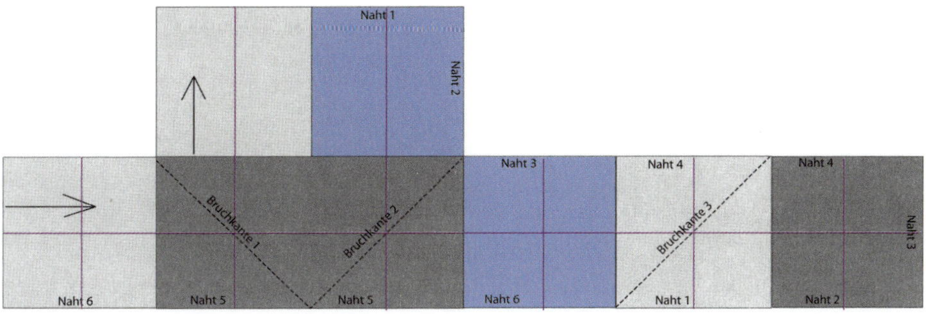

In Pfeilrichtung stricken
Entlang der gestrichelten Linien falten

Melone und Himbeereis

Langeweile war gestern! Diese lustigen Frucht-Socken machen in jedem Fall gute Laune. Gerade bei Kindern liegen Sie damit goldrichtig.

MATERIAL

Wassermelone in Gr. 33/34

- 100 g Cotton Meilenweit Nr. 62 Rot von Lana Grossa
- Rest Cotton Meilenweit in Grün, Braun und Weiß von Lana Grossa
- Nadelspiel in 2,5 plus Zusatznadel
- Stumpfe Stopfnadel

Himbeereis mit Sahne in Gr. 30/31

- 100 g Cotton Meilenweit Nr. 55 Erika von Lana Grossa
- 50 g Meilenweit Nr. 1287 Apfelgrün von Lana Grossa
- 50 g Meilenweit Nr. 1113 Creme von Lana Grossa
- Nadelspiel in 2,5 plus Zusatznadel

SO WIRD'S GEMACHT

Wassermelone

❶ Schlagen Sie mit der grünen Baumwolle 56 M an und verteilen Sie sie gleichmäßig auf die vier Nadeln. Stricken Sie 7cm glatt re für den Rollrand. Nun mit weißem Garn 3 cm 1 M re, 1 M li im Bündchenmuster anschließen, danach mit der roten Wolle glatt re weiterarbeiten. Nach 18 cm ab Anschlag die Ferse arbeiten, Fuß und Spitze glatt re nach der Maschentabelle auf Seite 62 fertigstellen.

❷ Für die Melonenkerne den braunen Faden in die Nadel fädeln. Stechen Sie ca. 0,5 cm

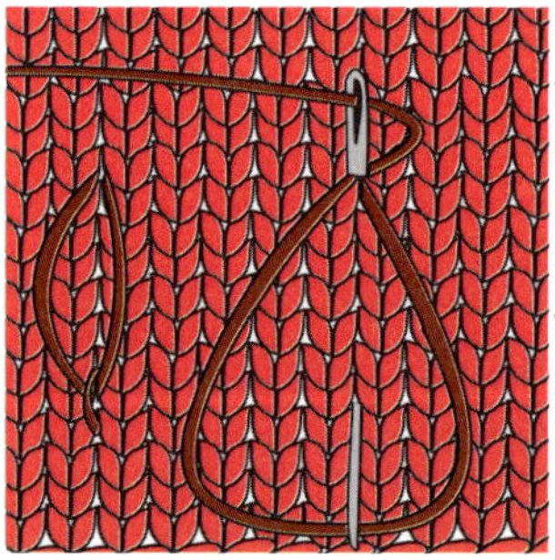

unterhalb des weißen Bündchens im roten Bereich von hinten nach vorne aus und ziehen Sie den Faden durch. Stechen Sie erneut an der Ausstichstelle ein und mit 1 cm Abstand senkrecht darunter wieder aus. Lege Sie den Faden als Schlinge, die Nadelspitze liegt dabei über der Fadenschlinge. Nun den Faden anziehen, bis sich ein Oval bildet. Dicht über dem unteren Ausstichpunkt nach hinten stechen und die Nadelspitze zum nächsten Ausstichpunkt hinten führen.

Himbeereis mit Sahne

❶ Schlagen Sie 52 M mit Nadelspiel Nr. 2,5 in Grün an und verteilen Sie die Maschen gleichmäßig. Nach 2 Rd re M stricken Sie 6 cm 2 re, 2 li im Wechsel , weiter mit Erika glatt re 3 cm bis zur Ferse stricken, ebenso den Fuß und die Spitze.

❷ Für die Rüsche nehmen Sie auf der Innenseite der Sockenkante erneut 52 M in Creme auf. 1. Rd: re M, 2. Rd: jede 2. M verdoppeln (→ Seite 9, Zunahmen). 3. Rd: re M, 4.Rd: jede 3. M verdoppeln. 3 Rd re stricken, in der nächsten Rd jede M verdoppeln. Nach weiteren 4 Rd re alle M locker abketten, die Fäden vernähen.

Paarweise Trachtensocken

Egal ob zum modischen Dirndl oder zur feschen Lederhose: Diese zünftigen Trachtensocken sind ein absolutes Muss für einen Urlaub in den Alpen.

MATERIAL

Trachtensocken, Gr. 44/45

- 200 g Meilenweit, Nr. 1301 Beige von Lana Grossa

Damenstulpen, Gr. 38/39

- 100 g Cotton Meilenweit Nr. 9 Steingrau meliert von Lana Grossa
- Nadelspiel Nr. 2,5
- Zopfnadel oder Zusatznadel

SO WIRD'S GEMACHT

Trachtensocken

Querrippe: 1. und 2. Rd: 9 M li; 3. und 4. Rd: 2 M li, 5 M re, 2 M li
Längsrippe: in jeder Rd: 3 M re, 2 M li, 3 M re
Zopfmuster: laut Strickschrift – Schlagen Sie jetzt 68 M an und verteilen Sie sie gleichmäßig auf vier Nadeln. Stricken Sie nun 2,5 cm im Bündchenmuster 2 M rechts, 2 M li im Wechsel. Nehmen Sie in der letzten Rd gleichmäßig verteilt 14 M zu, sodass nun 82 M auf dem Nadelspiel liegen.

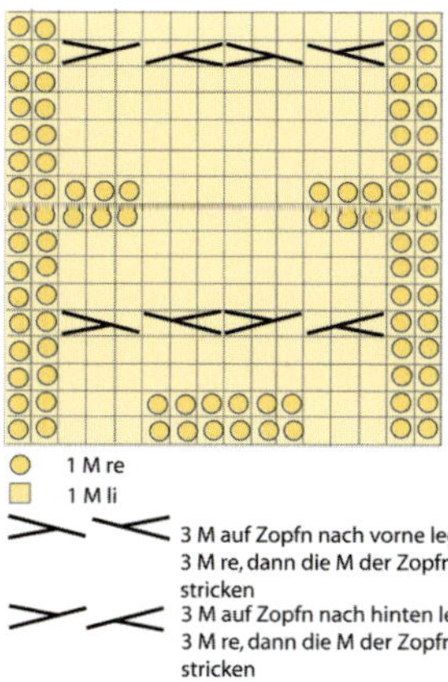

Beginnen Sie jetzt mit dem Einstricken der Muster: Auf der ersten Nadel die 2. Hälfte des Zopfmusters, 8 M Längsrippe, 9 M Querrippe, 8 M Längsrippe, 12 M Zopfmuster, 8 M Längsrippe, 9 M Querrippe, 8 M Längsrippe, die 1. Hälfte des Zopfmusters. Nach 48 cm Schaft nehmen Sie in der letzten Runde gleichmäßig verteilt 14 M durch Zusammenstricken ab. Stricken Sie die schräge Ferse glatt re, und im weiteren Verlauf den Fuß und die Spitze.

Damenstulpen

Schlagen Sie 72 M an und verteilen Sie sie gleichmäßig auf die vier Nadeln. Einen Lochmusterrand (→ Seite 23, rosa Zugsocken) stricken. Nach der 9. Rd den Zopf 9mal rundum wiederholen. Nach 12 cm Stulpe in der letzten Rd gleichmäßig verteilt 12 M abnehmen durch Zusammenstricken. Im Bündchenmuster 2 M re, 2 M li im Wechsel weiterarbeiten. Nach 15 cm Bündchenmuster die Arbeit wenden, sodass die Stulpe links erscheint. Nun die schräge Ferse, den Fuß und die Spitze glatt rechts stricken.

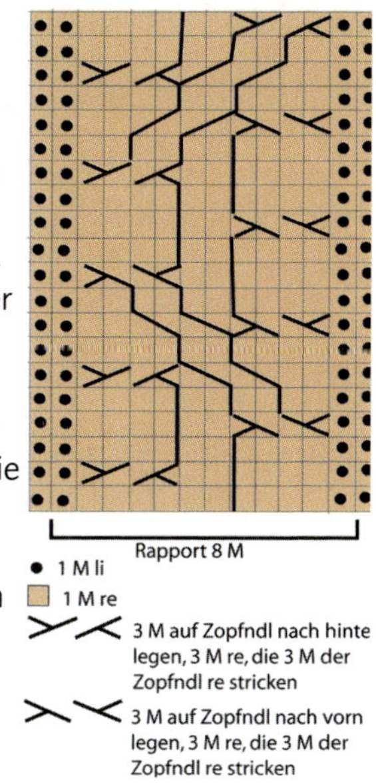

Kinderstrümpfe mit Schnur

Damit bekommen Ihre Kinder garantiert keine kalten Füße. Der tolle Effekt entsteht durch ein Lochmuster und durch verschiedene Fäden, die eingearbeitet werden.

MATERIAL

Kinderkniestrümpfe, Gr. 35/36

- 100 g Cotton Meilenweit Nr. 24 Beige meliert von Lana Grossa
- Rest in Tannengrün
- Nadelspiel Nr. 2,5
- Zusatz- oder Zopfnadel

Wenn Sie die Strümpfe für eine Erwachsenengröße stricken wollen, dann ergänzen Sie den Mehrbedarf an Maschen mit zwei Lochmusterrapporten. Das sind die jeweils 6 M von einer zur nächsten linken Masche.
Eine andere Möglichkeit besteht darin, das Muster mit Rippen oder Zöpfen zu ergänzen.

SO WIRD'S GEMACHT

Kinderkniestrümpfe

1. Schlagen Sie 60 M an und verteilen Sie sie auf vier Nadeln. Nun stricken Sie 4 Rd glatt rechts, die 5. Rd im Lochmuster: *2 M re zus. r. 1 Umschlag*. Die Angaben zwischen den * rundum wiederholen. Danach erneut 4 Rd glatt re stricken.

2. Arbeiten Sie das Muster nach der Strickschrift ab der 1. Nadel mit dem Rapport 2mal ein. Nach 30 cm Muster die schräge Ferse, Fuß und Spitze arbeiten, dabei das Muster auf der Fußoberseite fortlaufen lassen.

3. Den oberen Rand entlang des Lochmusters auf die linke Seite kippen und locker festnähen.

4. Für eine Kordel je zwei 300 cm lange grüne Garnfäden miteinander verdrehen, sodass eine 130 cm lange Schnur entsteht. Diese mittig unter dem ersten Zopf an der Ferse durch die daneben liegenden Löcher am Außenfuß einfädeln, dann beidseitig nach oben entlang des Zopfes legen, durch die Löcher daneben zur Innen- und erneut zur Außenseite ziehen.
Bis zum oberen Strumpfrand immer wiederholen, dann die Enden schön zur Schleife binden.

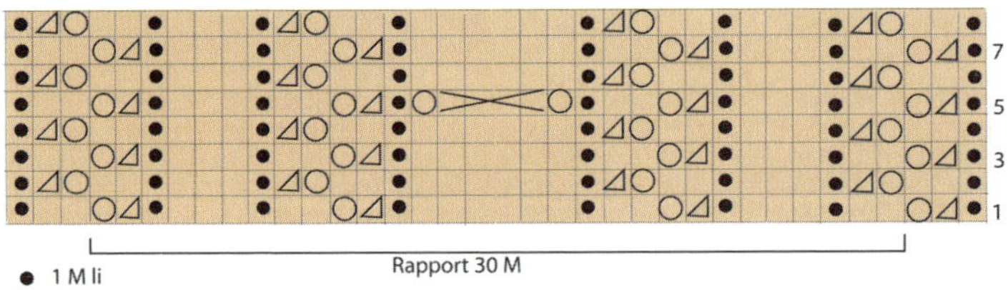

- ● 1 M li
- ☐ 1 M re
- ◿ 2 M re zusstr.
- ○ 1 Umschlag
- (Kreuzsymbol) 3 M auf die rechte Ndl abheben, aus der nächsten 1 M re und 1 M re verschränkt herausstricken, 2 M re, die 3 abgeh. M über die vier gestrickten überziehen

Doppelrollig und zehenfrei

Die Wollfarben der Opal-Cotton-Wolle sind farblich und den Motiven entsprechend den Werken von Friedensreich Hundertwasser nachempfunden.

MATERIAL

Zehenfreie Socken Gr. 38/39

- 100 g Opal Cotton »Regentag auf Liebe Wellen« Nr. 697 von Tutto
- 50 g Meilenweit Cotton Nr. 37 Hellblau meliert von Lana Grossa
- 2 Nadelspiele Nr. 2,5

Gelb-korallrote Socken Gr. 38/39

- 100 g Opal Cotton »Die Straße zum Sozialismus« Nr. 833 von Tutto
- 50 g Cotton Meilenweit Korallenrot Nr. 42 von Lana Grossa
- Nadelspiel Nr. 2,5
- Sicherheitsnadeln

SO WIRD'S GEMACHT

Zehenfreie Socken

1. Schlagen Sie mit Hellblau 60 M an und verteilen sie auf den Nadeln. Nach 6 cm glatt r schneiden Sie den Faden 10 cm lang ab. Das Gleiche machen Sie mit der Opalwolle.

2. Nun schieben Sie den hellblauen Strickschlauch über den gemusterten, sodass die 1. Nadeln beider Schäfte genau übereinander liegen. Stricken Sie nun die nächste Runde mit gemusterter Wolle, dabei stechen Sie gleichzeitig in die erste Masche beider Nadeln ein und stricken diese zusammen ab. So weiterstricken. Setzen Sie den Schaft noch 3,5 cm glatt re fort und arbeiten Sie danach die Ferse und das Fußteil bis zur Spitze.

3. Die Aufteilung der Maschen entnehmen Sie der Tabelle auf Seite 63 für Zehensocken. Legen Sie je 10 M für den großen Zeh am Ende der zweiten und am Beginn der dritten Nadel für den rechten Fuß auf eine Sicherheitsnadel. Für den linken Fuß legen Sie je 10 M am Ende der ersten Nadel und am Beginn der zweiten Nadel auf eine Sicherheitsnadel.

4. Über die übrigen M stricken Sie glatt re 4 Rd in Hellblau meliert weiter, als Steg zwischen den Zehen schlagen Sie zusätzlich 4 M an. M locker abketten. Nun nehmen Sie die 20 M für die Zehe auf 4 Nadeln und fassen aus der vorher gearbeiteten Stegkante zusätzlich 4 M auf. Nach 4 Rd Hellblau meliert die M locker abketten.

5. Rollen Sie die beiden Bündchen auf der rechten Sockenseite beliebig weit nach unten.

Gelb-korallrote Socken

1. Schlagen Sie mit Koralle 60 M an und verteilen Sie diese gleichmäßig auf vier Nadeln. Stricken Sie 6 cm glatt re, dann setzen Sie den Schaft mit Opal Cotton bis zur Ferse fort. Nach insgesamt 10 cm ab Anschlag stricken Sie die Ferse, weiter den Fuß glatt re.

2. Zu Beginn der Spitze stricken Sie eine Runde mit Koralle und arbeiten dann die Zehen wie auf Seite 36 beschrieben.

Flip-Flop-Socken mit Zehen

Die Farbenpracht der Hundertwasser-Werke wird mit dieser Wolle übernommen, die originellen Zehensocken entsprechen der Extravaganz des Künstlers.

MATERIAL

Blau-grüne Socken, Gr. 36/37

- 100 g Opal Cotton »Der blaue Mond« Nr. 650 von Tutto

- Nadelspiel Nr. 2,5
- Sicherheitsnadeln

SO WIRD'S GEMACHT

1. Schlagen Sie 60 M an und verteilen Sie sie gleichmäßig auf die vier Nadeln. Stricken Sie 15 cm im Bündchenmuster 2 M re, 2 M li im Wechsel.

2. Arbeiten Sie die Ferse und stricken Sie den Fuß glatt re bis zur Spitze, ganz wie bei einem normalen Socken.

3. Legen Sie 20 M für den großen Zeh auf einer Sicherheitsnadel still. Für den rechten Fuß nehmen Sie nun die letzten 10 M der 3. Nadel und die ersten 10 M der 4. Nadel, beim linken Fuß dagegen nehmen Sie die letzten 10 M der 1. Nadel und die ersten 10 M der 2. Nadel.

4. Mit den übrigen M arbeiten Sie die Spitze, die diesmal einseitig sein muss und schlagen als Steg zwischen Fußoberseite und Fußsohle 4 M an.

5. Die Abnahmen für die einseitige Spitze führen Sie wie auf Seite 63 beschrieben durch.

6. Für die große Zehe, die sie jetzt noch stricken müssen, nehmen Sie aus dem Anschlag des Steges 4 M auf und verteilen diese mit den übrigen 20 Zehenmaschen auf vier Nadeln. Seien Sie dabei vorsichtig; die wenigen Maschen rutschen nämlich leider allzu leicht von der Nadel. Stricken Sie den Zeh ebenfalls nach den Angaben der Tabelle auf Seite 63.

Da Flip-Flops nicht mehr nur im Sommer, sondern auch im den kühleren Herbst- und Wintermonaten als Hausschuhe getragen werden, sind dafür besondere Socken notwendig. Natürlich lassen sich diese Socken auch mit ganz normalen Schuhen oder Hausschuhen tragen. Wenn Sie die Socken als Geschenk stricken und nicht wissen, ob die Empfängerin Flip-Flops trägt oder nicht, liegen Sie mit Zehensocken niemals falsch.

Die Japan-Welle ist inzwischen auch zu uns herübergeschwappt. Besonders beliebt sind die Tatami-Sandalen geworden – auch sie haben einen Zehensteg. Hier tun unsere Socken also gute Dienste.

Da der Musterrapport der Opal Cotton sehr weit läuft, ist es nur mit Materialverlust möglich, die Socken gleich zu stricken. Wenn Sie den Abschluss an der Spitze mit der hellblauen Wolle arbeiten, wirken die Socken trotzdem gleichmäßig.

Overknees und Bolero

Ein Lümmeltag zu Hause wird mit den Overknees und dem farblich abgestimmten Bolero richtig kuschelig warm und gemütlich. Vielleicht stricken Sie gleich die nächsten Socken?

MATERIAL

Bolero Gr. 38/40

- 350 g Tris in Grün-Schwarz Nr. 4 von Lana Grossa
- Rundstricknadel Nr. 7

Overknees Gr. 38/39

- Je 100 g Meilenweit in Schwarz Nr. 13, Dunkelgrün Nr. 1288, Apfelgrün Nr. 1287 und Braun Nr. 1305
- Nadelspiel Nr. 3
- Extranadel

SO WIRD'S GEMACHT

Bolero

Maschenprobe: Mit Nadeln Nr. 7 glatt rechts gestrickt, ergeben 11 M und 17 Reihen 10 cm im Quadrat.
Grundmuster glatt rechts: in HinR re M, in Rück-R linke M

❶ Der Bolero wird von Ärmel bis Ärmel durchgehend in einem Stück gestrickt. Schlagen Sie dafür 24 M an und stricken Sie im Grundmuster. Für die Ärmelschrägung

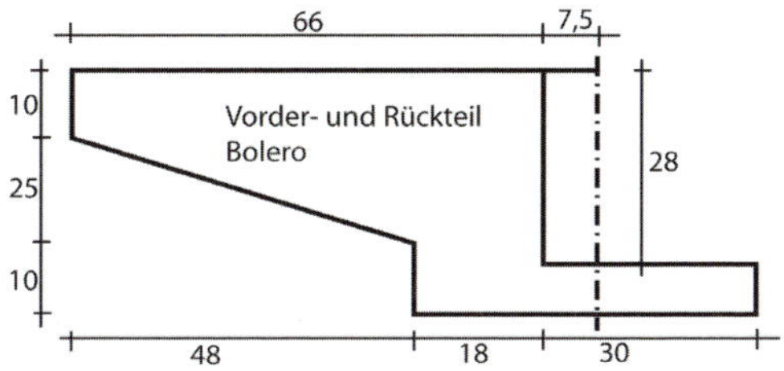

nehmen Sie 7 mal beidseitig in jeder 6. Reihe und 9 mal in jeder 4. Reihe je 1 M zu. Nach 48 cm stricken Sie an beiden Seiten für das Vorder- und Rückteil je 11 M auf. Sie haben nun 78 M auf der Nadel. Nach weiteren 18 cm ketten Sie von der Mitte ausgehend für den Ausschnitt im Vorderteil 29 M ab, die übrigen 10 M stricken Sie für das Bindeband 30 cm lang, danach die M abketten. Mit den übrigen 39 M stricken Sie noch 15 cm weiter.

❷ Für das 2. Bindeband schlagen Sie 10 M an und stricken 30 cm. Nun schlagen Sie auf der linken Seite des Bandes weitere 29 M an und stricken die 39 M des Rückenteils. Weitere 18 cm über alle M stricken, dann beidseitig je 11 M abketten. Die Abnahmen für die Ärmel erfolgen in umgekehrter Reihenfolge wie die Zunahmen, nach 48 cm abketten. Ärmel und Vorder- und Rückteil rechts auf rechts legen und Ärmel- und Seitennähte durchgehend aufeinandernähen.

Overknees

❶ Farbfolge: 6 Rd schwarz, 4 Rd hellgrün, 4 Rd dunkelgrün, 4 Rd braun. Schlagen Sie mit Schwarz 72 M an und stricken Sie im Bündchenmuster 2 M re, 2 M li im Wechsel, dabei Farbfolgen beachten. Nach 20 cm glatt re stricken, dabei nach 3 Farbfolgen im schwarzen Streifen pro Nadel 1 M abnehmen, die Abnahme in der 18. , 28., 36. und 46. Rd wiederholen. Die Ferse nach der 2. Rd. der 11. Farbfolge in Schwarz stricken, weiter bis zur Spitze im Ringelmuster.

Rollsocken in Rot-Orange

Wie wäre es mal wieder mit einem entspannten Abend zu Hause? In diesen Socken werden sich Ihre Füße in jedem Fall wohlfühlen.

MATERIAL

Dreifach gerollt, Gr. 36/37

- 50 g Meilenweit Cotton Rot-geringelt Nr. 2281 von Lana Grossa
- 50 g Meilenweit Cotton Lachsrot Nr. 42 von Lana Grossa
- 50 g Meilenweit Cotton Steingrau-meliert Nr. 9 von Lana Grossa

Doppelt gerollt, Gr. 38/39

- 50 g Meilenweit Rot-Gelb-meliert Nr. 1328 von Lana Grossa
- 50 g Meilenweit Orange Nr.1282 von Lana Grossa
- 50 g Meilenweit Rosé Nr. 1312 von Lana Grossa

- 3 Nadelspiele Nr. 2,5 oder 1 Nadelspiel und 2 Rundstricknadeln

SO WIRD'S GEMACHT

Dreifach gerollt

1. Schlagen Sie 60 M in Lachsrot an, verteilen Sie diese gleichmäßig auf vier Nadeln und stricken Sie 20 Rd glatt re, dann die M auf eine Rundstricknadel legen, falls Sie keine weiteren Nadelspiele haben.

2. Mit der steingrauen Wolle ebenfalls 60 M und 20 Rd glatt re stricken, auch diese M auf eine Rundstricknadel oder das zweite Nadelspiel legen.

3. Nun schlagen Sie noch einmal 60 M mit der rot-geringelten Wolle an, verteilen diese ebenfalls auf die vier Nadeln des Nadelspiels und stricken 20 Rd glatt re. Schieben Sie nun das graue Rollbündchen in das rot-geringelte hinein, und in das graue das lachsrote Bündchen, sodass die M der 1. Nadeln genau hintereinander liegen.

4. Bei der nächsten Rd arbeiten Sie weiter mit der rotgeringelten Wollle. Beim Abstricken stechen Sie durch die Maschenglieder der jeweils 1. der drei hintereinander liegenden Nadeln und fassen die drei M zu einer M beim Abheben auf die rechte Nadel zusammen. Alle M rundum so stricken, so werden die Bündchen ohne Naht verbunden. Nun stricken Sie noch weitere 7 cm glattz re bis zur Ferse und weiter bis zur Spitze.

Doppelt gerollt

1. Schlagen Sie 60 M in Rose an und stricken Sie 18 Rd glatt re, dann die M stilllegen oder auf eine Rundstricknadel schieben. Das gleiche Bündchen arbeiten Sie noch einmal in Orange.

2. Schieben Sie das roséfarbene Bündchen in das orangefarbene und fassen Sie beide Bündchen wie oben beschrieben mit der rotmelierten Wolle zusammem. Die nächsten Runden im Rippenmuster 1 M re, 1 M li stricken, auch bei der Ferse bis zur Spitze die Rippen beibehalten.

Stulpensocken

Mit zwei Knäueln der wunderschön gemusterten Wolle Opal Cotton können Sie zwei Paar wirklich einzigartiger Socken und Strümpfe stricken.

MATERIAL

Stulpenkniestrümpfe Gr. 32/33

- 100 g Opal Cotton »Silver Spiral« Nr. 897 von Tutto
- Rest Opal Cotton »Wartende Häuser« Nr. 637a von Tutto

Stulpensocken Gr. 34/35

- 100 g Opal Cotton »Wartende Häuser« Nr. 637a von Tutto
- Rest Opal Cotton »Silver Spiral« Nr. 897 von Tutto

- Nadelspiel Nr. 2,5

SO WIRD'S GEMACHT

Stulpenkniestrümpfe

❶ Schlagen Sie 24 M mit der Restwolle an und stricken Sie nach folgender Aufteilung die Stulpe als Rechteck: Hin-R: RM, 5 M re, 1 Umschl., 2 M zustr., 8 M re, 2 M zustr., 1 Umschl., 5 M re, RM. In den Rück-R alle M zwischen den RandM li str. Nach 25 cm die M locker abketten.

❷ Für den Schaft nehmen Sie aus einer Längskante der linken Stulpenseite 52 M gleichmäßig verteilt auf und verteilen diese auf den vier Nadeln des Nadelspiels. Stricken Sie nun glatt re mit der blau-grün-farbenen Silver Spiral 18 cm weiter, dann arbeiten Sie die Ferse und im weiteren Verlauf den Fuß und die Spitze.

Legen Sie die Querkanten der Stulpe re auf re und nähen Sie diese aufeinander.

Stulpensocken

❶ Schlagen Sie 26 M für die Stulpe an und stricken Sie ein Rechteck mit folgender Mustereinteilung: Hin-R: RM, 5 M re, 1 M mit Umschl re abheben, 3 M re, 1 M mit Umschl re abheben, 3 M re, 1 M mit Umschl re abheben, 3 M re, 1 M mit Umschl re abheben, 5 M re, RM. Rück-R: Alle M zwischen den RM li str, die M mit Umschl re str. Nach 27 cm die M locker abketten.

❷ Nehmen Sie aus der linken Seite der Längskante 56 M auf und stricken Sie in Rd den Schaft im Rippenmuster 1 M re, 1 M li im Wechsel 12 cm bis zur Ferse. Ab der Ferse glatt re weiterarbeiten. Die Querkanten der Stulpe re auf re aufeinanderlegen und zusammennähen.

Um gleichmäßig verteilt Maschen aus einer Längskante aufzunehmen, falten Sie das Rechteck zur Hälfte und markieren den Bruch. Dann falten Sie die Querkanten auf die Bruchmarkierung, und markieren die dadurch entstehenden Brüche. Nun wissen Sie, dass Sie in den dazwischen liegenden Vierteln alle Maschen pro Nadel eines Nadelspiels aufnehmen müssen.

Grau meliert fürs Büro

Mit diesen Socken machen Sie garantiert nichts falsch. Klassische Farben und Muster für den Herrn passen perfekt zum Anzug.

MATERIAL

Musterhaft in Grau Gr. 42/43

- 100 g Regia Cotton Grau-Blau gemustert Nr. 4080 von Schachenmayr
- 50 g Meilenweit Cotton Schwarz-Grau-Meliert Nr. 10 von Lana Grossa

Musterstrick in Grau Gr. 44/45

- 100 g Meilenweit Cotton Schwarz-Grau-Meliert Nr. 10 von Lana Grossa
- Je 50 g Meilenweit Cotton in Steingrau-meliert Nr. 9 und Grau-Hellgrau-Meliert von Lana Grossa

- Nadelspiel Nr. 2,5

SO WIRD'S GEMACHT

Musterhaft in Grau

❶ Schlagen Sie mit der gemusterten Wolle 64 M an und verteilen Sie sie gleichmäßig auf den vier Nadeln. Stricken Sie 4 cm im Bündchenmuster 2 M re, 2 M li. Arbeiten Sie danach glatt re weiter, dabei ergeben sich die Streifen und das Einstrickmuster durch den Farbrapport der Wolle von selbst.

❷ Nach insgesamt 22 cm Schaftlänge stricken Sie die Ferse in Schwarz-Grau-Meliert glatt re weiter, ebenso den Fuß bis zur Spitze.

❸ Die Spitze erneut mit der gemusterten Wolle fortsetzen.
Achten Sie beim Anschlag des zweiten Sockens darauf, dass Sie mit der gleichen Farbe beginnen, so wird der zweite Socken von der Musterung her gleich wie der erste.

Musterstrick in Grau

❶ Schlagen Sie mit der grau-schwarz-melierten Wolle 68 M an und stricken Sie 5 cm im Bündchenmuster 2 M re, 2 M li im Wechsel.

❷ Setzen Sie den Socken mit der steingrau-melierten Wolle fort, dabei arbeiten Sie das Kreuzmuster ein:
1. bis 4. Rd: 2 M re, 2 M li im Wechsel. 5. Rd: Stechen Sie zuerst in die 2. M der Rechtsrippe wie zum Rechtsstricken ein und ziehen Sie den Faden ohne abzuheben durch, dann in die erste M der Rechtsrippe, und heben Sie dann beide M gleichzeitig auf die rechte Nadel. 6. bis 9. Rd: 2 M re, 2 M li im Wechsel. Gleichzeitig stricken Sie die Farbfolge: 9 Rd Steingrau-Meliert, 9 Rd Schwarz-Grau-Meliert, 27 Rd Grau-Hellgrau-Meliert, 9 Rd Steingrau-Meliert, 9 Rd Schwarz-Grau-Meliert.

❸ Arbeiten Sie die Ferse und den Fuß weiter mit Schwarz-Grau-Meliert, dabei stricken Sie Ferse und Sohle glatt re, die Oberseite setzen Sie mit dem Kreuzmuster fort.

Wer sagt denn, dass zum Anzug nur formelles Schwarz möglich ist? Diese Socken sind schick, modisch und mollig warm.

Socken mit Naht

Wer sich scheut, mit vier Nadeln gleichzeitig zu arbeiten, oder wer einfach mal etwas anderes ausprobieren möchte, der liegt mit diesen Socken genau richtig.

MATERIAL

Längsgestrickte Socken Gr. 44/45

- **100 g Opal Cotton »Singender Dampfer in Ultramarin III« Nr. 150 von Tutto**
- **50 g Meilenweit Cotton Hellblau-Meliert Nr. 37 von Lana Grossa**

- **Nadelspiel und Rundstricknadel Nr. 2,5**

SO WIRD'S GEMACHT

Die Angaben in den Klammern ergeben Socken in Größe 40/41.

Perlmuster: Hin-R: 1 M re, 1 M li
Rück-R: die re M li str, die li M re stricken

Krausmuster: alle R re M

Glatt re: Hin-R re M, Rück-R: li M

❶ Schlagen Sie mit der Rundstricknadel 140 M (132 M) an, und verteilen Sie die Musterfolge in der 1. Reihe: 30 M Krausmuster, 40 M glatt re, 28 M (25 M) Perlmuster (Ferse), 42 M (37 M) glatt re. In der Rück-R: 42 M (37 M) li, 28 M (25 M) Perlmuster, 40 M li, 30 M re.

❷ Nach 7 R (6 R) ab Anschlag für den Fersenkeil die beiden vorletzten M vor der Ferstenmitte re zusstr, ebenso die beiden ersten M nach der Fersenmitte re überzogen zusstr. Diese Abnahmen noch 6mal (5mal) in jeder 2. R wiederholen.

❸ Nach 21 R (17 R) ab Anschlag stricken Sie die noch verbliebenen 14 M (13 M) der Ferse glatt re weiter, dabei nehmen Sie weiter ab: 5mal (4mal) in jeder 4. R die 1. und 2. M der Fersenmaschen re überzogen zus. str., die letzten beiden M re zusstr. Danach noch 4 R stricken, dann die zweite Sockenhälfte gegengleich arbeiten:
Die erste M der übrigen 4 (3) Fersen-M verdoppeln durch Herausstricken aus dem Querfaden, ebenso die letzte M nach den 4 (3) Fersen-M. Diese Zunahmen noch 5mal (4mal) in jeder 4. R wiederholen, dann noch 4 R glatt re über alle M arbeiten. Nun die Ferse im Perlmuster fortsetzen, dabei 6mal (5mal) vor und nach der Fersenmitte jeweils eine M verdoppeln. Nun haben Sie erneut 28 Fersen-M (25 Fersen-M). Noch 7 R (6 R) über alle M in den entsprechenden Mustern fortsetzen, dann die M locker abketten.

❹ Legen Sie die Sockenkanten rechts an rechts anstoßend aneinander und verbinden Sie die Kanten mit dem Maschenstich, so entsteht keine drückende Nahtzugabe. Nun nehmen Sie mit dem Nadelspiel und der hellblauen Wolle aus der Kante gleichmäßig verteilt 68 M (64 M) auf, beachten Sie dabei die Mitte und Seiten der Socke, so lassen sich die Maschen gleichmäßig verteilt aufnehmen.

❺ Stricken Sie die Spitze entsprechend der Tabelle auf Seite 62.

Sportsocken

Ganz egal ob Tennis, Fußball oder Golf, jeder Sportbegeisterte wird sich über diese individuellen Socken freuen.

MATERIAL

Türkisfarbene Socken Gr. 40/41

- 100 g Meilenweit Cotton in Türkis Nr. 57 von Lana Grossa
- Je 50 g Meilenweit Cotton in Weiß Nr. 1 und Grün Nr. 59
- Plusterfarbe oder Textilfarbe

Blau-Schwarze Socken Gr. 42/43

- Je 50 g Meilenweit Cotton in Schwarz-Blau Nr. 14, Royalblau Nr. 38 und Weiß Nr. 1
- Plusterfarbe oder Textilfarbe

- Nadelspiel Nr. 2,5
- Schneiderkopierpapier
- Kugelschreiber

SO WIRD'S GEMACHT

Türkisfarbene Socken

❶ Schlagen Sie 64 M an und verteilen Sie sie gleichmäßig auf dem Nadelspiel. Stricken Sie 7 cm im Bündchenmuster 2 M re, 2 M li. gleichzeitig stricken Sie 4 Rd grün, 4 Rd weiß. Als Abschluss des Bündchens 4 Rd grün arbeiten, dann glatt re mit Türkis den Schaft fortsetzen. Nach insgesamt 17 cm stricken Sie die Ferse ebenfalls glatt re Türkis.

❷ Den Fuß und die Spitze arbeiten Sie glatt re mit folgendem Farbwechsel: 4 Rd weiß, 4 Rd grün, 4 Rd türkis.

❸ Übertragen Sie das Pictogramm mit Schneiderkopierpapier, das Sie unter die Seite legen. Zeichnen Sie die Vorlage mit einem Kugelschreiber durch. Nun ziehen Sie erst die Konturen mit der Plusterfarbe nach, dann füllen Sie die Formen. Die Farbe trocknen lassen und nach Herstellerangaben mit dem Föhn oder Bügeleisen aufplustern.

Blau-schwarze Socken

Schlagen Sie 64 M an und stricken Sie im Rippenmuster 1 M re, 1 M li im Wechsel. Dabei arbeiten Sie gleichzeitig die Farbfolge 4 Rd schwarz, 4 Rd blau insgesamt 3mal. Danach den Strumpf glatt re mit weiß 6,5 cm stricken und erneut 4 Rd Blau, 4 Rd schwarz, 4 Rd Weiß im Rippenmuster stricken. Die Ferse glatt re in Blau arbeiten, die Fußoberseite im Rippenmuster, die Sohle glatt re stricken, dabei gleichzeitig die Ringel mit den drei Farben forsetzen. Das Pictogramm wie oben beschrieben übertragen und aufzeichnen.

GOLD DISTANCE

Blümchen und Ringel

Ideal für einen schönen Spaziergang im Winter. Mit diesen Socken und den passenden Armstulpen im romantischen Blümchen-Look müssen Sie garantiert nicht frieren.

MATERIAL

Blumensocken Gr. 35/36

- 100 g Meilenweit Cotton Multiringel Rosa-Pastell Nr. 2213
- Je 50 g Meilenweit Cotton Rosa Nr. 54 und Beige Nr. 24

Handstulpen

- 50 g Meilenweit Cotton Multiringel Rosa-Pastell Nr. 2213
- Nadelspiel Nr. 2,5
- Bei Bedarf stumpfe Sticknadel oder Fadenführer

SO WIRD'S GEMACHT

Blumensocken

❶ Schlagen Sie mit der rosafarbenen Wolle 56 M an und verteilen Sie sie gleichmäßig auf den vier Nadeln. Stricken Sie im Bündchenmuster 2 M re, 2 M li im Wechsel. Nach 3,5 cm beginnen Sie mit der Multiringel glatt re und stricken 4 cm. Stricken Sie mit der beigen Wolle glatt re weiter. Nun können Sie nach 6 Rd das Einstrickmuster mit rosafarbener Wolle einarbeiten, dabei wird auf jeder Nadel eine Blüte eingestrickt.

❷ Ist Ihnen das zu kompliziert, dann stricken Sie mit der beigen Wolle insgesamt 22 Rd glatt re und sticken die Blüten nachträglich im Maschenstich (→ Seite 13) ein.

❸ Setzen Sie den Schaft mit der Ringelwolle glatt re fort, bis Sie insgesamt ab Anschlag 22 cm gestrickt haben. Arbeiten Sie die Ferse und den Fuß 3,5 cm weiter mit Multiringel, dann stricken Sie mit der rosafarbenen Wolle weiter. Auch hier können Sie entweder die Blüten einstricken oder nachträglich mit Maschenstich aufsticken. Nach 22 rosafarbenen Rd stricken Sie den Fuß mit Multiringel bis zur Spitze fertig.

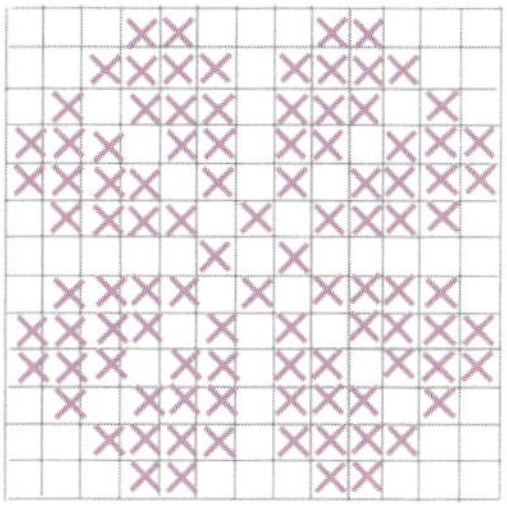

Handstulpen

❶ Schlagen Sie mit der Ringelwolle 56 M an und verteilen Sie sie auf den vier Nadeln. Für den Zähnchenrand 4 Rd glatt re, dann 1 Rd *1 Umschl, 2 M re zusstr* , 8 Rd glatt re stricken. In der letzten Rd ketten Sie für den Daumenschlitz an beliebiger Stelle 8 M ab, die Sie in der nächsten Rd an gleicher Stelle erneut anschlagen. Nun 20 Rd in Rosa arbeiten, danach weiter mit der Ringelwolle 10 cm glatt re. Erneut die LochRd, dann 4 Rd re M, danach alle M locker abketten.

❷ Beide Kanten entlang des Lochmusters auf die linke Seite klappen und locker festnähen.

❸ Streifen Sie die Stulpe über die Hand, so dass der Daumenschlitz richtig sitzt. Markieren Sie auf dem rosa Streifen auf dem Handrücken die Mitte. Die Stulpe wieder abnehmen. Die Blüte mit Maschenstich (Seite 13) nach der Vorlage auf den Handrücken aufsticken.

Warmes mit Hand und Fuß

Das Frieren hat ein Ende. Die wuscheligen Arm- und Beinstulpen sorgen mit Sicherheit dafür dass Ihnen immer wohlig warm ist. Auch für Skifahrer geeignet.

MATERIAL

Armstulpen

- 200 g Mix up Plus in Blau-Kamel Nr. 421 von Lana Grossa
- 50 g Meilenweite in Kamel Nr. 1290 von Lana Grossa
- Nadelspiel Nr. 5

Beinstulpen

- 250 g Mix up Plus in Blau-Kamel Nr. 421 von Lana Grossa
- 50 g Meilenweit in Kamel Nr. 1290 von Lana Grossa
- Nadelspiel Nr. 5

Socken Gr. 38/39

- 50 g Meilenweit in Kamel Nr. 1290 von Lana Grossa
- Nadelspiel Nr. 2,5

SO WIRD'S GEMACHT

Rippenmuster

3 M rechts, 3 M links im Wechsel

Glatt rechts

In Rd nur rechts M

Armstulpen

Die kamelfarbene Wolle wird mit doppeltem Faden verstrickt. Schlagen Sie 36 M mit Kamelbraun an und stricken Sie glatt re 4 cm. Ketten Sie an beliebiger Stelle 6 M ab, in der nächsten Rd schlagen Sie an dieser Stelle wieder 6 M an. Nun arbeiten Sie mit der blauen Wolle im Ripppenmuster weiter, dabei den Farbwechsel von 18 Rd in Blau und 6 Rd in Kamel insgesamt 4 mal wiederholen. Zum Abschluss die M locker abketten.

Beinstulpen

Schlagen Sie mit dem 5er Nadelspiel 42 M in Braun (doppelter Faden) an und verteilen Sie sie gleichmäßig auf den vier Nadeln. Stricken Sie im Rippenmuster 6 Rd braun und 18 Rd in Blau im Wechsel. Nach insgesamt 6 Farbwechseln, wenn die Stulpe etwa 70 cm lang ist, schließen Sie mit 6 Rd Kamelbraun ab, die Maschen locker abketten.

Socke

Schlagen Sie mit der braunen Wolle, jetzt aber mit einfachem Faden, 60 M mit dem Nadelspiel Nr. 2,5 an und verteilen sie die M gleichmäßig auf den Nadeln. Stricken Sie 8 cm im Bündchenmuster 2 M re, 2 M li im Wechsel. Die Ferse und den Fuß mit der Spitze glatt re weiterarbeiten.

Wenn Sie Arm- und Beinstulpen arbeiten, können Sie für den doppelten braunen Faden zwei Knäuel verwenden. Ansonsten sollten Sie vor dem Stricken die Hälfte der Wolle abwickeln, das erleichtert die Arbeit.

Kuschelkissen und -socken

Gönnen Sie sich doch mal wieder einen entspannten Nachmittag auf Ihrer Couch. Mit den farbenfrohen Socken und dem passenden Kissen lässt es sich wunderbar kuscheln.

MATERIAL

Kuschelkissen 45 x 45 cm

- 200 g Furetto Herbstbunt Nr. 11 von Lana Grossa
- Reißverschluss 30 cm lang
- Rundstricknadel Nr. 5

Kuschelsocken Gr. 38/39

- Je 50 g Meilenweit in Blau Nr. 1293, Erika Nr. 1313, Orange Nr. 1282 und Hellgrün Nr. 1287
- 50 g Pep in Orange
- Nadelspiel Nr. 2,5

SO WIRD'S GEMACHT

Kuschelkissen

Maschenprobe: 15 M und 20 R glatt re gestrickt, ergeben 10 cm im Quadrat

1. Schlagen Sie mit der Rundstricknadel 64 M plus 2 RM an und stricken Sie nach der Strickschrift das Muster ein. Der Farbverlauf ergibt sich durch die Färbung der Wolle automatisch. Stricken Sie die vordere Kissenplatte 45 cm lang, dann stricken Sie im Anschluss die hintere Kissenplatte glatt re, ebenfalls 45 cm. Nähen Sie mit der Hand in die offenen Kanten den Reißverschluss und schließen Sie die noch offenen Kanten von der rechten Seite.

Kissen

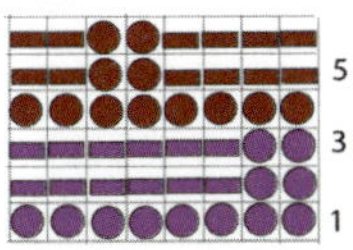

▬ 1 M li in HinR, in RückR 1 M re
● 1 M re in HinR, in RückR 1 M li

Drehen Sie aus der Sockenwolle aus allen Farben mit je drei 200 cm langen Fäden pro Farben vier Kordeln und nähen Sie diese entlang der Kanten an das Kissen. An den Ecken die Kordeln miteinander verknoten, die Fäden etwa 5 cm lang abschneiden.

Socken

Farbwechsel: Blau, Erika, Grün, Orange

Socken

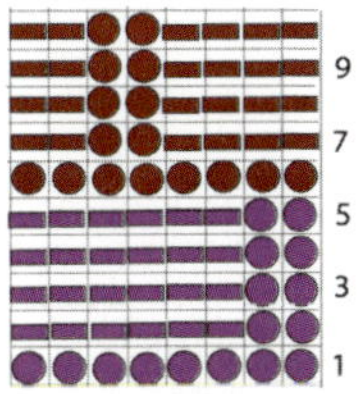

▬ 1 M li in HinR, in RückR 1 M re
● 1 M re in HinR, in RückR 1 M li

1. Schlagen Sie mit der orangefarbenen Flauschwolle und dem Nadelspiel 64 M an und stricken Sie 5 Rd glatt re für den Rollrand.

2. Nun stricken Sie im angegebenen Farbwechsel und dem Muster der Socken 4mal den Farbwechsel. Nach weiteren MusterRd in Blau und Pink stricken Sie vor der Ferse 2 Rd grün, dabei das Muster bei der 2. und 3. Nadel fortsetzen, im Bereich der Ferse glatt re.

3. Nun die Ferse in Grün stricken, nach der Ferse den Farbwechsel wie vorher fortsetzen, das Muster bis zur Spitze rundum fortsetzen. Die Spitze glatt re in Orange stricken.

So ein gemütliches Kissen samt Socken ist auch ein schönes Geschenk für liebe Menschen.

Blautöne klassisch

Diese Socken sind echte Allrounder. Egal ob in Turnschuhen zum Sport oder für einen Wohlfühlabend zu Hause, hiermit liegen Sie immer richtig.

MATERIAL

Sneaker mit Rollrand Gr. 38/39

- 50 g Meilenweit Cotton Maya Blaugemustert Nr. 7022 von Lana Grossa
- 50 g Meilenweit Cotton Hellblau-Meliert Nr. 37 von Lana Grossa
- Rest Karton 8 x 8 cm

Blau melierte Sportsocke Gr. 36/37

- 100 g Jeans von Rico

- Nadelspiel Nr. 2,5

SO WIRD'S GEMACHT

Sneaker mit Rollrand

1 Schlagen Sie mit der hellblau-melierten Wolle 60 M an und verteilen Sie sie gleichmäßig auf den Nadeln des Nadelspiels.

2 Stricken Sie den Rollrand glatt re 6 cm und arbeiten Sie dann die Ferse mit der blaugemusterten Wolle, ebenso den Fuß. Die Spitze stricken Sie wieder mit dem hellblauen Garn.

Quaste wickeln

1 Wickeln Sie den gemusterten und melierten Faden etwa 20 bis 25 mal um den Karton. Schneiden Sie beide Garnfäden unterhalb des Kartons ab.

2 Nun nehmen Sie einen weiteren Garnfaden und ziehen ihn mit der Stopfnadel unter den Fäden durch. Dann ziehen Sie die Enden dieses Garnes zu einer Kante, und knoten den Faden fest zusammen.

3 Schieben Sie die Wicklungen vom Karton, halten den Knoten fest und schneiden den gegenüberliegenden Bruch der Wicklung mit der Schere durch. Fassen Sie die Fäden zusammen und umwickeln Sie ca. 1,5 bis 2 cm unterhalb des Knotens alle Fäden fest mit einem weiteren Garnfaden, den Sie ebenfalls fest verknoten und die Enden nach unten ziehen. Nun die Fäden unten alle gleichmäßig etwa 4 bis 5 cm lang abschneiden.

4 Die Quaste seitlich am Sneaker in Höhe des Knöchels festnähen.

Sportsocke

1 Schlagen Sie 60 M an und verteilen Sie diese gleichmäßig auf dem Nadelspiel. Stricken Sie 5 cm im Bünchenmuster 2 M re, 2 M li, dann weiter glatt re. Nach insgesamt 17 cm Schaftlänge stricken Sie die schräge Ferse, dann weiter den Fuß und die Spitze.

Die Anleitung der Sportsocke ist »die klassische Socke«. Das Material für diese Socke finden Sie diesem Buch beigelgt; sie können die Socke nach der Maschentabelle in der Größe variieren.

Wellenmuster

Socken müssen überhaupt nicht langweilig sein. Das beste Beispiel dafür sind diese extravaganten Exemplare, die auch bei Kindern sehr gut ankommen.

MATERIAL

Wellensocken mit Flausch Gr. 38/39

- 50 g Meilenweit in Hellgrün Nr. 1287 von Lana Grossa
- Je 50 g Pep in Mintgrün Nr. 095, Apfelgrün Nr. 078 und Türkis Nr. 052
- Nadelspiel Nr. 3

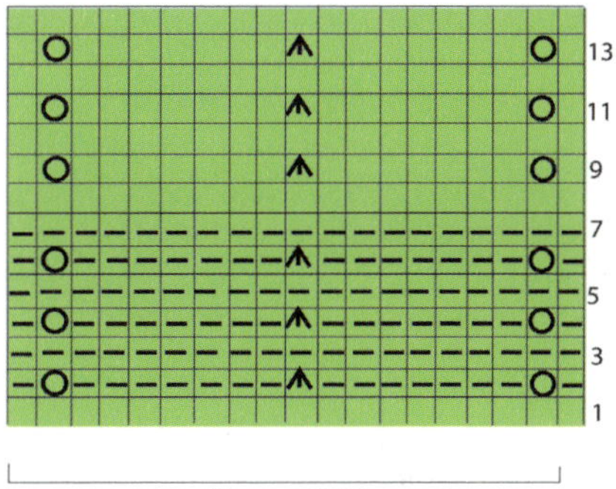

Rapport 18 M

- – 1 M li
- ☐ 1 M re
- O 1 Umschlag
- Λ 1 M re abheben, 1 M re zusstr., die abgehoene M überziehen

SO WIRD'S GEMACHT

Grundmuster

❶ Stricken Sie nach der Strickschrift, dabei wiederholen Sie nach dem ersten Mustersatz die Runden 1 bis 14, dabei sind die 1. und 8. Rd immer re Rd mit der neuen Farbe. Für die Streifen verarbeiten Sie die Farben in folgender Reihenfolge:
7 Rd Hellgrün, 7 Rd Mintgrün, 7 Rd Hellgrün, 7 Rd Apfelgrün, 7 Rd Hellgrün, 7 Rd Türkis. Die Farbfolgen zwischen den * immer wiederholen, mit der Bezeichnung »Hellgrün« ist in dieser Anleitung die Meilenweit-Sockenwolle gemeint.

❷ Schlagen Sie mit der grünen Sockenwolle 54 M an und verteilen Sie sie gleichmäßig auf den vier Nadeln. Stricken Sie das Grundmuster in der oben angegebenen Farbfolge insgesamt 2-mal, zum Abschluss vor der Ferse noch 6 Rd in Hellgrün arbeiten.

❸ Dann die Ferse glatt re, ebenso den Fuß und die Spitze stricken.

Das Zickzackmuster ergibt sich spätestens nach der 4. Reihe von selbst, also zweifeln Sie nicht an Ihren Strickfähigkeiten, wenn sich nicht gleich am Anfang Wellen zeigen. Der Reiz des Musters liegt im Wechsel von Flauschgarn zu Flachgarn. Wenn Sie andere Farben verwenden, sollten Sie immer darauf achten, dass das Flachgarn zu allen übrigen Farbtönen passt, da es zwischen jeder Flauschfarbe gestrickt wird. Wenn Sie das Flauschgarn zu auffällig finden oder nicht mögen, lässt sich diese Socke aber natürlich auch mit Flachgarn stricken.

Nikolausstiefel

Egal, ob Sie die Nikolausstiefel mit Süßigkeiten füllen oder als wirkliche Socken arbeiten, sie werden immer mit Begeisterung aufgenommen.

MATERIAL

Für beide Stiefel, Gr. 35/36

- Je 50 g Meilenweit Tweed in Beige Farbe 106, Rot Nr. 1324 und Dunkelgrün Nr. 1288

- Nadelspiel Nr. 2,5
- Fadenführer oder stumpfe Sticknadel

SO WIRD'S GEMACHT

Stiefel mit Schleife

❶ Schlagen Sie 48 M mit beiger Wolle an und verteilen Sie sie gleichmäßig auf vier Nadeln. Stricken Sie 4 Rd glatt re, dann eine Rd* 1 Umschl, 2 M re zusstr.*. Die Angaben zwischen den * immer wieder wiederholen. Danach 8 Rd glatt re, und dann mit dem Einstrickmuster beginnen. Ein Musterrapport mit 24 M läuft dabei genau über 2 Nadeln. Bei der Schleife empfiehlt es sich, diese nachträglich im Maschenstich (→ Seite 13) aufzusticken natürlich ist das auch bei den übrigen Mustern möglich. Am Ende des Musters noch 3 Reihen in Beige stricken, dann die Ferse mit der dunkelgrünen Wolle fortsetzen. Nach der Ferse im Ringelmuster weiterarbeiten, im Wechsel 3 Rd beige, 3 Rd Rot stricken. Die Spitze erneut mit Dunkelgrün stricken.

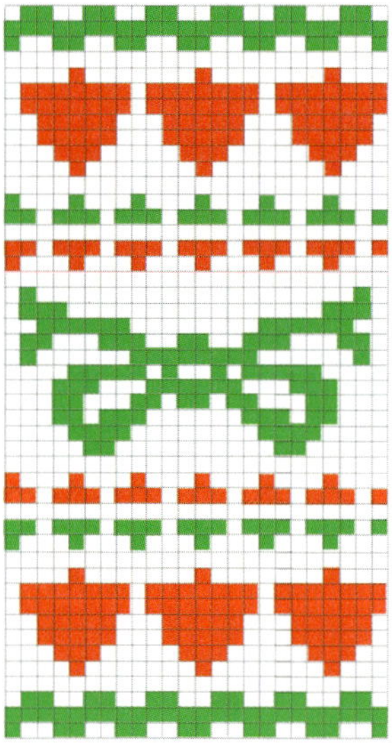

❷ Drehen Sie aus 6 jeweils 100 cm langen Fäden aus allen drei Farben eine dicke Kordel und nähen Sie diese als Schlaufe gelegt an der hinteren Schaftmitte fest.

Stiefel mit Eiskristall

❶ Arbeiten Sie ihn bis zur Ferse wie den Stiefel mit Schleife mit dem entsprechenden Einstrickmuster. Die Ferse wird rot, der Fuß beige-grün geringelt und die Spitze erneut rot gestrickt.

❷ Auch für diesen Stiefel eine Kordel drehen und am Schaft festnähen. Die Kordel ist sehr praktisch, ob Sie die Socke nun tragen oder ob Sie sie als Deko-Element aufhängen wollen.

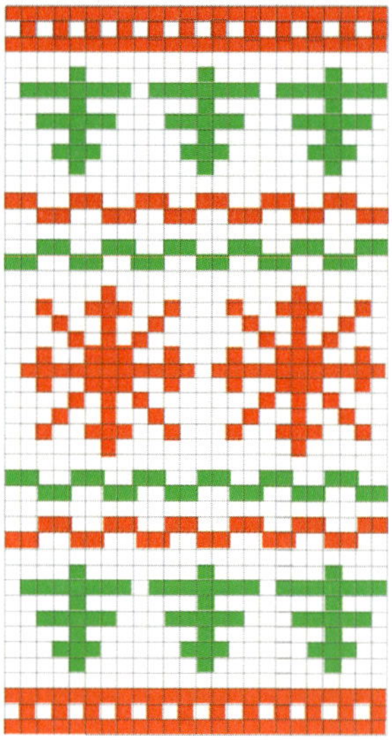

Größentabellen

GRÖSSENTABELLE FÜR NADELSTÄRKE 2,5

Größe	**22/23**	**24/25**	**26/27**	**28/29**	**30/31**	**32/33**	**34/35**	**36/37**	**38/39**	**40/41**	**42/43**	**44/45**	**46/47**
Maschenanschlag/ Maschenzahl je Nd	44/11	48/12	48/12	52/13	52/13	56/14	56/14	60/15	60/15	64/16	64/16	68/17	72/18
Maschenzahl für Fersenbreite	22	24	24	26	26	28	28	30	30	32	32	34	36
Maschenzahl Fersenaufteilung	7/8/7	8/8/8	8/8/8	8/10/8	8/10/8	9/10/9	9/10/9	10/10/10	10/10/10	10/12/10	10/12/10	11/12/11	12/12/12
Fußlänge von Fersen-mitte bis Spitze in cm	11,5	12,5	14	14	15,5	17	18	18,5	20	21	22	22,5	24
Gesamte Fußlänge in cm	14,5	15,5	17	18	19,5	21	22	23,5	25	26,5	27,5	28,5	30
Abnahme für Spitze nach der 1. Abnahme in der 4. Runde								1 x	1 x	1 x	1 x	1 x	1 x
in jeder 3. Runde	1 x	1 x	1 x	2 x	2 x	2 x	2 x	2 x	2 x	2 x	2 x	2 x	2 x
in jeder 2. Runde	3 x	3 x	3 x	3 x	3 x	3 x	3 x	3 x	3 x	3 x	3 x	4 x	4 x
in jeder Runde	4 x	5 x	5 x	5 x	5 x	6 x	6 x	6 x	6 x	7 x	7 x	7 x	8 x

GRÖSSENTABELLE FÜR NADELSTÄRKE 3,5 BIS 4,0

Größe	**22/23**	**24/25**	**26/27**	**28/29**	**30/31**	**32/33**	**34/35**	**36/37**	**38/39**	**40/41**	**42/43**	**44/45**	**46/47**
Maschenanschlag/ Maschenzahl je Nd	32/8	36/9	36/9	40/10	40/10	44/11	44/11	48/12	48/12	52/13	52/13	56/14	56/14
Maschenzahl für Fersenbreite	16	18	18	20	20	22	22	24	24	26	26	28	28
Maschenzahl Fersenaufteilung	5/6/5	6/6/6	6/6/6	6/8/6	6/8/6	7/8/7	7/8/7	8/8/8	8/8/8	8/10/8	8/10/8	9/10/9	9/10/9
Fußlänge von Fersen-mitte bis Spitze in cm	12	12	13,5	14	15	16,5	17	18	20	21,5	22,5	23	24,5
Gesamte Fußlänge in cm	14,5	15,5	17	18	19,5	21	22	23,5	25	26,5	27,5	28,5	30
Abnahme für Spitze nach der 1. Abnahme in der 3. Runde								1 x	1 x	1 x	1 x	1 x	1 x
in jeder 2. Runde	2 x	3 x	3 x	3 x	3 x	4 x	4 x	4 x	4 x	4 x	4 x	4 x	4 x
in jeder Runde	3 x	3 x	3 x	4 x	4 x	4 x	4 x	4 x	4 x	5 x	5 x	6 x	6 x

BABY- UND KLEINKINDSOCKEN NADELSTÄRKE 2,5

	BABYS		KLEINKINDER			
Größe	**10/11**	**12/13**	**14/15**	**16/17**	**18/19**	**20/21**
Maschenanschlag/Maschenzahl je Nadel	28/7	32/8	36/9	40/10	40/10	44/11
Maschenzahl für Fersenbreite	14	16	18	20	20	22
Maschenzahl Fersenaufteilung	4/6/4	5/6/5	6/6/6	6/8/6	6/8/6	7/8/7
Fußlänge von Fersenmitte bis Spitze in cm	5,5	6,5	7,5	8,5	9,5	10,5
Gesamte Fußlänge in cm	7,5	8,5	10,5	11,5	12,5	13,5
Abnahme für die Spitze nach der 1. Abnahme in der 3. Runde	1 x	1 x	1 x	1 x	1 x	1 x
in jeder 2. Runde	2 x	2 x	3 x	3 x	3 x	3 x
in jeder Runde	1 x	2 x	2 x	3 x	3 x	4 x

Die Angaben der Anleitungen beziehen sich immer auf die angegebene Größe. Die genauen Maschenzahlen, Fußlängen und Abnahmen entnehmen Sie den Tabellen für 4- und 6-fädige Wollstärken. Stricken Sie besonders locker, sollten Sie mit Nadeln einer halben oder ganzen Nadelstärke weniger arbeiten, ist Ihre Strickweise sehr fest, dann nehmen Sie eine halbe oder ganze Nadelstärke dickere Nadeln. Lässt sich der Musterrapport nicht der Maschenanzahl Ihrer Größe anpassen, stricken Sie den Schaft mit ein paar Maschen mehr oder weniger, sodass das Muster aufgeht. Die angegebene Maschenzahl für die Fersenaufteilung behalten Sie bei.

ZEHENSOCKE FÜR NADELSTÄRKE 2,5

Größe	**34/35**	**36/37**	**38/39**	**40/41**	**42/43**	**44/45**	**46/47**
Aufteilen der Maschen Maschen großer Zeh	16	20	20	22	22	22	26
Maschen einseitige Spitze	40	40	40	42	42	46	46
Maschenanschlag Steg	4	4	4	6	6	6	6
Einseitige Spitze Gesamte Maschenzahl	44	44	44	48	48	52	52
Abnahmen von jeweils 1 Masche nach der 1. Abnahmerunde in jeder 2. Runde	2 x	3 x	3 x	3 x	3 x	3 x	3 x
in jeder Runde	7 x	6 x	6 x	8 x	8 x	10 x	10 x
Abnahme von jeweils 2 Maschen in jeder Runde	4 x	4 x	4 x	4 x	4 x	4 x	4 x
Großer Zeh Gesamte Maschenzahl	20	24	24	28	28	28	32
Länge bis Spitzenbeginn in cm	3,5	4	4	4,5	4,5	5	5
Abnahme für die Spitze nach der 1. Abnahme in jeder 2. Runde	1 x	1 x	1 x	1 x	1 x	1 x	1 x
in jeder Runde	1 x	2 x	2 x	3 x	3 x	3 x	4 x

Über dieses Buch

Die Autorin
Heidi Grund-Thorpe, Modegrafikerin, Grafikdesignerin und Lehrerin, arbeitet seit mehreren Jahren im Kreativbereich für Frauenzeitschriften und Verlage. Sie hat bereits zahlreiche Bücher zum Thema Mode, Wohnen und Basteln veröffentlicht.

Die Fotografin
Inge Ofenstein arbeitet seit vielen Jahren als Fotografin für Werbung und Verlage. Ihre Fotoarbeiten wurden durch die Teilnahme bei der Expo 1998 als Mitglied der Künstlergruppe »Manna, Kunst für das Volk« ausgezeichnet.

Danksagung der Autorin
Ein herzliches Dankeschön gilt Steffi und Sabine für Ihr unermüdliches Stricken, außerdem Isabell für die Bereitstellung der Location.

Bildnachweis
Alle Fotos Inge Ofenstein, München

Impressum

Weltbild Buchverlag
-Originalausgaben-

Steinerne Furt, 86167 Augsburg
3. Auflage 2008

Projektleitung: Dr. Ulrike Strerath-Bolz
Umschlaggestaltung: Zeichenpool, München
Umschlagabbildung: Inge Ofenstein, München
Innenlayout: X-Design, München
DTP/Satz: Florian Zeller
Reproduktion: Point of Media GmbH, Augsburg
Druck und Bindung: TYPOS-Digital Print, Plzen
Gedruckt auf chlorfrei gebleichtem Papier

Printed in the EU

ISBN 978-3-89897-751-7

Stichwortverzeichnis

Abheben 4, 8
Abketten 9
Abkürzungen 15
Abnahmen 8
Anschlag durch Aufstricken 7
Armstulpen 52
Aufstricken 7

Babyballerinas 19
Babyschühchen 16
Babyslipper 19
Beinstulpen 52
Blautöne 56
Blümchensocken 20, 51
Bolero 39
Bündchen 11
Büro-Socken 44

Doppelte Rolle 35

Farbwechsel 9
Fersenkäppchen mit Zwickel 13
Flauschschuhe 16
Fliedersocken 23
Flip-Flop-Socken 36
Fuß 14

Grundausstattung 10

Handstulpen 51
Herzsocken 24

Italienischer Anschlag 5

Kinderstrümpfe 32
Kreuzanschlag 4
Kuschelkissen 55
Kuschelsocken 55

Linke Maschen 8

Maschenstich 15
Maschenprobe 10
Melone und Himbeereis 28

Nikolausstiefel 60

Overknees 39

Rautensocken 27
Rechte Maschen 9
Ringelstiefel 16
Rüschensocken 24
Rollsocken 40

Schaft 11
Schräge Ferse 11
Socken mit Naht 47
Sockenwolle 10
Spitze 14
Spangenschuh 19
Sportsocken 48
Strickliesel 20
Stulpensocken 43

Trachtensocken 31

Umschlag 8

Wellenmuster 59

Zugsocken 23
Zunahmen 9